ÉLÈVE

DE

CHEVAL DE LUXE ET DU CHEVAL DE GUERRE

EN BELGIQUE

ÉLÈVE

DE

CHEVAL DE LUXE

ET DE

CHEVAL DE GUERRE

EN BELGIQUE

PAR

Jules GÉRARD

Médecin Vétérinaire militaire, ancien Vétérinaire du
Gouvernement, Vice-Président de la Société
Medico-Vétérinaire de Liége.

Rapport présenté à la Société de Médecine vétérinaire de Liége.

LIÉGE
IMPRIMERIE ET LITHOGRAPHIE F. FESTRAERTS Fils
Rue de l'Étuve, 12.

1875

Introduction.

La production du cheval de trait léger et du cheval d'armes, à l'ordre du jour depuis nombre d'années, a tout récemment été portée par le Gouvernement devant le Conseil supérieur d'agriculture.

Un Rapport, où sont résumées les idées qui se sont produites pendant les débats, a été présenté par une Commission spéciale et les conclusions ont été votées en assemblée générale.

Ce document et les faits acquis à la discussion sont insérés dans le *Bulletin du Conseil supérieur d'Agriculture*, tome XXVII, première partie, 1874.

En raison de l'intérêt économique et politique qui se rattache à ce genre de production chevaline, cette question ne pouvait rester confinée dans la seule appréciation de cette haute Commission agricole, quelle que soit du reste la compétence qu'on se plaît à lui reconnaître. Il était du devoir de tous les hommes qui font de l'économie rurale l'objet de leurs constantes études, de décider jusqu'à quel point l'industrie spéciale, à laquelle on conviait la production nationale, était compatible avec ses vrais intérêts, et enfin, de signaler les conditions dans lesquelles elle est susceptible de réussir.

C'est en s'inspirant de ces larges idées que la Société

de médecine vétérinaire de Liége, sur la proposition qui lui en fut faite par son secrétaire général, M. Remy, décida de porter à l'étude cette importante question zootechnique et la renvoya à l'examen d'une Commission spéciale composée de Messieurs :

Bastin (Emile), *médecin-vétérinaire du gouvernement à Burdinne ;*

Carbillet (Léopold), *médecin-vétérinaire du gouvernement à Seraing, ancien chef de station d'étalons du Haras de l'Etat ;*

Foelen (Modeste), *membre de l'Académie royale de médecine de Belgique, médecin-vétérinaire du gouvernement à St-Trond ;*

Gérard (Jules), *médecin-vétérinaire militaire, ancien vétérinaire du gouvernement à Quaregnon ;*

Macorps, *père, médecin-vétérinaire du gouvernement à Huy, membre de la Commission provinciale d'Agriculture, inspecteur provincial des reproducteurs de races améliorées ;*

Villers, *médecin-vétérinaire du gouvernement à Aineffe, ancien chef de station du Haras de l'Etat.*

DE L'ÉLÈVE

DU

CHEVAL DE LUXE ET DU CHEVAL DE GUERRE

EN BELGIQUE

Rapport présenté à la Société de Médecine Vétérinaire
de Liége.

Messieurs,

> Les conceptions scientifiques
> contraires à l'observation rigou-
> reuse des faits de tous les siècles
> ne conduisent qu'à l'erreur.

La Commission, que vous avez nommée, dans votre séance du 4 juin dernier, pour examiner la question relative à l'élève du cheval de luxe et de guerre dans notre pays, s'est réunie pour la première fois, à Liége, le 29 septembre.

Installée par notre secrétaire-général, M. Remy, elle procéda d'abord à l'élection de son bureau et choisit pour président M. Léopold Carbillet, de Jemeppe (près

Liége), en nous confiant d'abord les fonctions de secrétaire et plus tard celles de rapporteur.

Lors de cette première réunion, une discussion générale s'établit sur les principaux points se rattachant au sujet à traiter, et l'on réserva pour des séances ultérieures l'examen des questions secondaires.

Nous sommes heureux d'avoir à signaler, à cette occasion, le travail remarquable qui nous fut communiqué par l'un de vos commissaires, M. Foelen. Cet estimable collègue, qui, vu son éloignement, ne croyait plus pouvoir prendre part à des débats subséquents, nous fit l'historique complet du cheval léger en s'appuyant sur ses nombreuses observations personnelles, recueillies aux environs de St-Trond, où l'élève du cheval croisé n'a pas été sans succès.

A cette séance, en succédèrent d'autres qui furent consacrées à l'examen des opinions émises sur le sujet qui nous occupe.

C'est le résultat de toutes ces discussions et délibérations que nous allons avoir l'honneur de soumettre à votre appréciation.

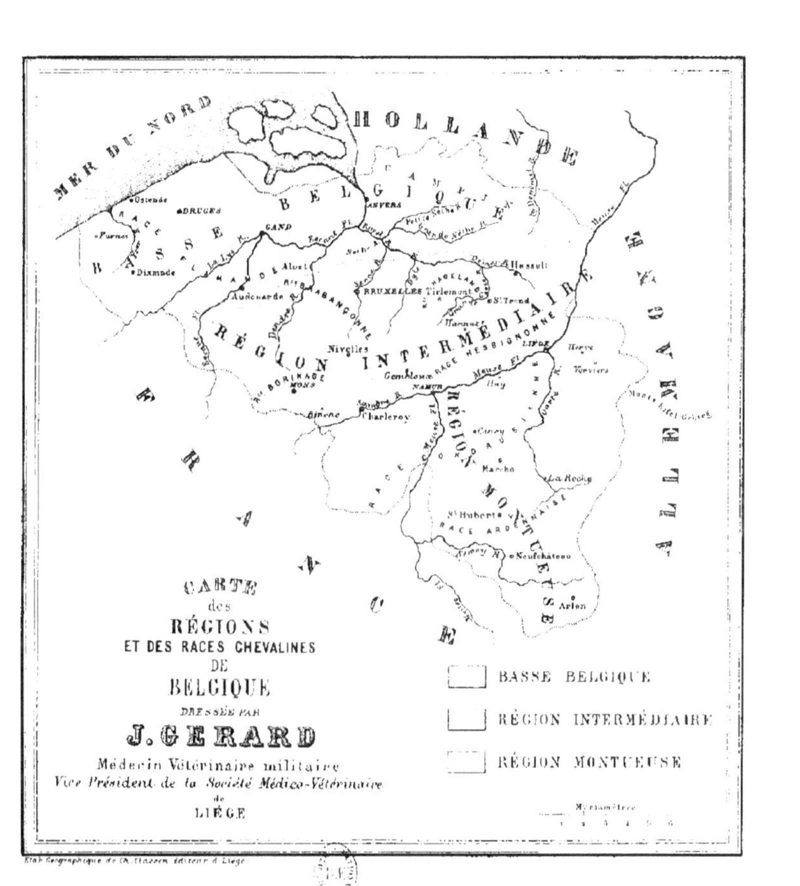

MER DU NORD
HOLLANDE
BELGIQUE
Ostende
BRUGES
Furnes
RACE
BASSE
GAND
Dixmude
ANVERS
ALLEMAGNE
RACE
Alost
BRABANÇONNE
Audenarde
BRUXELLES
Tirlemont
Hasselt
St Trond
Hannut
RÉGION
INTERMÉDIAIRE
Nivelles
RACE HESBIGNONNE
LIÉGE
Herve
BORINAGE
MONS
Gembloux
NAMUR
Huy
Verviers
Binche
Charleroy
RÉGION
Ciney
Monts Eifel Grünes
Marche
La Roche
St Hubert
RACE ARDENNAISE
Neufchâteau
MONTUEUSE
Arlon
FRANCE
CARTE
des
RÉGIONS
ET DES RACES CHEVALINES
DE
BELGIQUE
DRESSÉE PAR
J. GERARD
Médecin Vétérinaire militaire
Vice Président de la Société Médico-Vétérinaire
de
LIÉGE
BASSE BELGIQUE
RÉGION INTERMÉDIAIRE
RÉGION MONTUEUSE
Myriamètres
Etab Geographique de Ch. Claesen éditeur à Liège

Historique.

Nous rappellerons d'abord que, le 13 mai 1873, M. le capitaine Stiennon demandait à la Société agricole et forestière de la province de Namur, la mise à l'étude dans ses sections de la proposition suivante :

« *Rechercher et indiquer les meilleurs moyens d'arriver sûrement à la création d'un cheval de service, propre à la cavalerie et à l'artillerie.* »

Cette proposition fut favorablement accueillie par la Société.

Le 24 juin 1873, M. Ch. Jacquet, de Bruxelles, adressa au Roi une lettre dans laquelle il signale la nécessité de créer un cheval de guerre et indique comme mesure favorable pour y arriver l'allocation de primes plus ou moins fortes aux propriétaires d'étalons de sang.

Cette lettre, renvoyée par le cabinet du Roi au département de l'intérieur, fut le point de départ des études auxquelles s'est livré, en janvier 1874, le Conseil supérieur d'agriculture.

Cette question de zootechnie, excessivement importante, puisqu'elle touche à notre production chevaline et à la défense de la patrie, fit l'objet de discussions vives et animées au sein du Conseil supérieur d'agriculture, des Sociétés agricoles et surtout des Sociétés Médico-Vétérinaires belges.

Elle a été agitée par la presse vétérinaire et agricole, par le bulletin des courses, par les journaux politiques et militaires. Enfin nous avons vu les hommes les plus compétents, appartenant à l'enseignement, au Corps vétérinaire, à l'agriculture ; des sportmen, des publicistes, se jeter dans la mêlée pour combattre ou défendre la production du cheval de selle et de trait léger.

Parmi tous ces spécialistes et amateurs, nous remarquons tout particulièrement un lutteur infatigable, qui a déployé dans la défense de ses idées une ardeur toute juvénile. Guidé par son patriotisme et les données de la science, le premier, il a traité largement certaine partie de la question et lui a donné les développements qu'elle comportait. Aussi, aimons-nous à rendre justice à cet honorable collègue, M. le professeur F. Gérard, auteur de plusieurs dissertations sur l'élève du cheval croisé.

Si, maintenant, nous franchissons nos frontières et si nous jetons un coup d'œil rapide sur ce qui se passe chez les diverses nations européennes, nous observerons partout une activité fébrile pour produire le cheval d'armes. La mise sur pied de guerre de la nation !... voilà la grande préoccupation de la plupart des gouvernements. En effet, il règne dans la vieille Europe un souffle belliqueux qui stimule les pays même les plus pacifiques, et les porte à dépenser pour la destruction de l'homme, des sommes immenses que la civilisation, seule devrait utiliser. Mais l'exemple est contagieux et, qui plus est, il doit être suivi si nous voulons sauvegarder

notre indépendance et nos libertés. Comme le disait
M. Thonissen, dans une récente discussion du budget
de la guerre : il faut assurer notre neutralité, en
appuyant, par les canons, les traités qui consacrent notre
nationalité.

Nous n'exposerons pas immédiatement les données
utiles que nous avons colligées chez les peuples voisins;
nous les mettrons à profit lorsque nous traiterons la
question des remontes de l'armée.

Plan de l'Ouvrage.

Pour exposer méthodiquement la question si vaste de
l'industrie chevaline, nous avons cru devoir étudier
successivement les divers sujets qui s'y rattachent dans
l'ordre suivant :

I. — Géographie physique de la Belgique;

II. — Géographie agricole et distribution des races
chevalines, leur histoire, leurs qualités, leurs aptitudes
et leurs défauts ; les causes de leur dégénérescence; les
essais d'amélioration et les résultats obtenus; enfin les
moyens à préconiser pour régénérer notre population
équestre actuelle, tout en tenant compte du climat, du
sol, des ressources en nourriture et de la main-d'œuvre.

III. — Production de types spéciaux pour l'attelage
et pour la cavalerie;

IV. — Impossibilité absolue de créer le cheval
unitaire;

V. — Conditions exigées des éleveurs pour opérer avec succès le métissage ;

VI. — Races chevalines dans lesquelles on doit choisir les poulinières ;

VII. — Reproducteurs à importer dans le pays : le pur sang et le cheval irlandais. Puissance héréditaire de l'étalon de Norfolk dont l'existence est problématique ;

VIII. — Considérations générales sur l'étalon et discussions du Rapport voté par le Conseil supérieur d'agriculture de Belgique ainsi que des opinions qui ont été formulées à ce sujet ;

IX. — Qualités des juments destinées à l'amélioration des races indigènes, lorsqu'on se propose d'agir par voie de croisement ;

X. — Éducation méthodique et rationnelle des métis ;

XI. — Projet d'amélioration de nos races indigènes, par M. Leyder, professeur à l'Institut agricole de Gembloux ;

XII. — Mode de régénération de la race ardennaise, par le rapporteur ;

XIII. — Remontes en temps de paix, chez les principales nations européennes ;

XIV. — Remontes belges en temps de guerre. Réquisitionnement.

CHAPITRE Ier.

———

Géographie Physique de notre Pays.

Régions de la Belgique : la basse Belgique — la région intermédiaire
— et la région montueuse.

« La Belgique, quoique n'offrant en étendue que la
5000me partie des terres connues, présente cependant
des oppositions assez marquées dans la configuration du
sol et les phénomènes météorologiques. On y reconnaît
une région basse, humide, fertile, à côté d'une région
plus élevée, sèche et rocheuse; la plaine ouverte, propre
à toutes les cultures du sol, à côté de terrains tour-
mentés, accidentés (1).

» Toute la zone qui longe le littoral de la Mer du Nord
et de l'Escaut occidental, depuis Dunkerque jusqu'à
Anvers et au-delà, sur une largeur de 3, 4 et même de

----

(1) Extrait d'un travail remarquable dû à la plume élégante
et autorisée d'une illustration du service médical de l'armée
belge, M. le docteur MEYNNE, et intitulé : *Études d'hygiène
publique et sociale et de géographie médicale, appliquées à la Belgique.* — Liége, Festraerts fils, 1874.

5 lieues, est formée de terres basses, de polders, de prairies souvent palustres que sillonnent de nombreux cours d'eau. Ce sont de vastes plaines d'*alluvion fluvio-marine*, n'ayant pas grande végétation, n'offrant aucun monticule ni pli de terrain et qui se trouvent exposées à toutes les intempéries de l'atmosphère maritime. Au sud de cette bande de terres poldériennes et plus à l'est, en Campine, s'étendent, sur une largeur de quelques lieues, d'anciennes *landes sablonneuses* que la culture a transformées, mais qui constituent encore d'immenses plaines, sans monticules, ni rochers, et où les eaux stagnantes et les flaques marécageuses étaient primitivement très-nombreuses.

»Toute cette contrée, poldérienne au Nord, sablonneuse au Sud et à l'Est, ne présente que des terrains horizontaux, élevés de quelques mètres à peine au-dessus du niveau de la mer. Beaucoup de polders même, dans le voisinage du littoral et de l'Escaut, ont un niveau inférieur à celui des hautes marées. Il en résulte que, sur toute cette étendue, la pente des rivières est presque insensible, les eaux s'écoulent difficilement, les constructions sont bâties dans un sol fortement imprégné d'eaux souterraines, et l'atmosphère est constamment chargée d'une abondante humidité.

» Cette région peut donc être considérée comme la *basse Belgique*, et comme une zone de plaines humides ayant un caractère tranché. Elle comprend la province d'Anvers, une grande partie du Limbourg, et les deux Flandres presque en entier.

»La contrée méridionale du pays, qui constitue les provinces de Liége, de Namur et de Luxembourg, présente

des caractères tout opposés. Là, le sol est partout acci-
denté, plus ou moins montueux, ou forme de hauts plateaux. Des roches abruptes, des ravins, des rivières
torrentueuses se rencontrent à chaque pas. Toutes les
terres sont inclinées et les eaux pluviales s'écoulent rapidement. L'air est habituellement plus sec, l'altitude
assez grande (de 200 à 600 mètres), les marais sont
rares, et les constructions sont assises la plupart sur du
roc ou sur des terrains non imprégnés.

» Cette région montueuse est parfaitement limitée au
Nord par une ligne transversale et presque droite que
tracent la Sambre et la Meuse, depuis Maubeuge et
Charleroi jusqu'à Liége.

»Entre ces deux régions s'étend une contrée intermédiaire, un pays de transition, tant au point de vue de la
nature du sol que de sa conformation. Ce ne sont ni des
terres parfaitement planes, ni des montagnes. Ce sont
de larges plateaux ondulés, entre-coupés de vallées peu
profondes. Le sol est sablonneux dans la plus grande
partie ; les roches y sont très-rares et l'alluvion marine
ne s'y rencontre plus. Les eaux souterraines sont plus
profondes que dans le Nord, et l'atmosphère est moins
humide. Beaucoup de parties sont boisées et les habita-
tions sont généralement abritées dans quelque pli du
terrain. Cette contrée intermédiaire comprend le
Brabant et le Hainaut presque tout entier. »

CHAPITRE II.

Géographie agricole et distribution des races chevalines.

Les zones : Poldérienne — Flandre améliorée par la culture — Campine — sablo-limoneuse — limoneuse — condrusienne —ardennaise.

Population chevaline : flamande — brabançonne — du Hainaut — de la Hesbaye — du Hageland — du Borinage — des environs de Nivelles — St-Trond — Gembloux — du Condroz — des Ardennes.

Les trois régions que nous avons distinguées dans l'exposé physique du sol belge se représentent dans l'étude de la géographie agricole et de la distribution des races équestres. Seulement, pour caractériser davantage les productions spéciales, ces régions doivent être subdivisées. Le tableau synoptique ci-dessous indique :

1° Les différentes zones agricoles de la Belgique ;

2° Les provinces ou les parties de provinces qui les forment ;

3° Les races chevalines qu'on y rencontre.

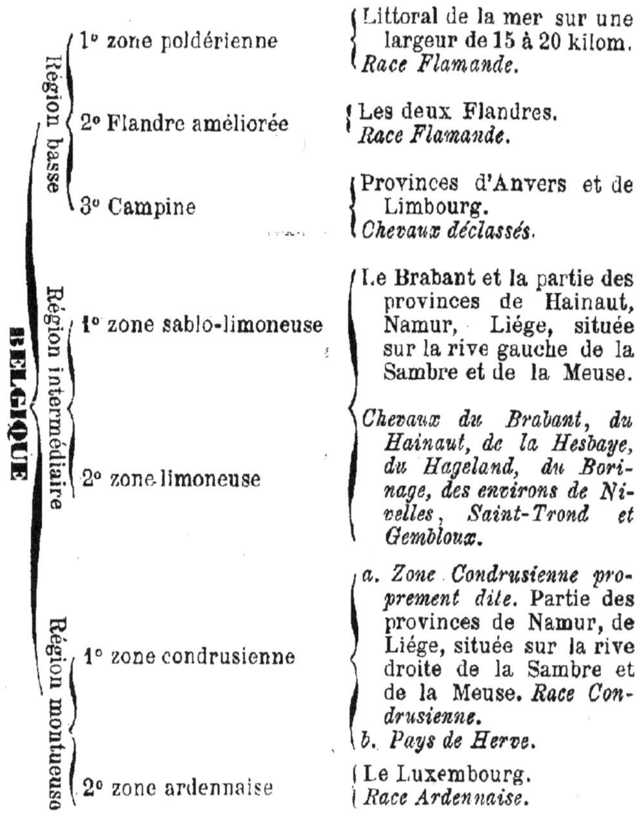

BELGIQUE		
Région basse	1° zone poldérienne	Littoral de la mer sur une largeur de 15 à 20 kilom. *Race Flamande.*
	2° Flandre améliorée	Les deux Flandres. *Race Flamande.*
	3° Campine	Provinces d'Anvers et de Limbourg. *Chevaux déclassés.*
Région intermédiaire	1° zone sablo-limoneuse	Le Brabant et la partie des provinces de Hainaut, Namur, Liége, située sur la rive gauche de la Sambre et de la Meuse.
	2° zone limoneuse	*Chevaux du Brabant, du Hainaut, de la Hesbaye, du Hageland, du Borinage, des environs de Nivelles, Saint-Trond et Gembloux.*
Région montueuse	1° zone condrusienne	*a. Zone Condrusienne proprement dite.* Partie des provinces de Namur, de Liége, située sur la rive droite de la Sambre et de la Meuse. *Race Condrusienne. b. Pays de Herve.*
	2° zone ardennaise	Le Luxembourg. *Race Ardennaise.*

La *zone poldérienne*, une des plus fertiles du pays, est caractérisée par de vastes prairies qui fournissent au bétail à l'engrais et à l'espèce chevaline une nourriture abondante, qui se traduit par l'élévation de la taille, le volume du corps, l'ampleur de toutes les formes.

Les géniteurs qui proviennent de cette contrée sont désignés dans les provinces wallonnes sous le nom d'étalons du *Furnenbach*. *(Veurne-Ambacht)*, environs de Dixmude et de Furnes.

Cette partie est considérée en Flandre comme un pays de grande culture parce qu'on y rencontre beaucoup de fermes de 20 à 25 hectares. Le chiffre moyen des exploitants qui, pour toute la Belgique, est de 80 pour cent hectares, n'est que de 19 dans le canton de Furnes.

La Flandre améliorée par la culture, que l'on appelait anciennement le Jardin de l'Europe, est une zone sablonneuse dont la fertilité est due au travail de l'homme et à l'emploi judicieux des engrais et des substances fertilisantes. Les riches et abondantes prairies des polders ne s'y rencontrent plus, le terrain argileux et tenace est remplacé par le sable ; on y cultive généralement les plantes industrielles et commerciales.

Un caractère spécial de l'agriculture, c'est l'extrême petitesse des exploitations. Dans la Flandre Occidentale, les fermes sont en moyenne de 5 hectares 45 ares, et 57 pour 100 n'atteignent pas 50 ares ; dans la Flandre Orientale, la propriété est encore plus divisée : la contenance des exploitations est en moyenne de 2 hectares 43 ares et, sur 100 fermes, il n'y en a pas 2 qui dépassent 20 hectares, à peine y en a-t-il une sur 1000 qui aille au-delà de 50 hectares. Ce morcellement extrême des cultures dépend de la nature sablonneuse du sol et surtout du prix élevé que les propriétés atteignent par la location des terres en détail.

Race flamande. — Le cheval flamand a été pendant longtemps le plus fort de l'Europe ; mais cette supériorité du volume, il ne peut plus la revendiquer aujourd'hui. Il suffit pour le prouver de citer ces énormes chevaux noirs des grands brasseurs de Londres.

La population chevaline des Flandres provient, d'après les données historiques de M. Douterluigne aîné (1), des races équestres que les barbares du Nord traînaient avec eux lorsqu'ils vinrent désoler l'empire romain, au 3ᵉ et au 4ᵉ siècle.

Du 11ᵉ au 16ᵉ siècle, les rois, les princes, les chevaliers de l'Europe étaient tributaires de notre pays. C'était principalement en Flandre, en Brabant et dans le Hainaut que les escadrons d'hommes d'armes se remontaient.

Mais l'emploi de la poudre à canon (1338) vint changer la tactique guerrière; le rôle de la cavalerie ne fut plus aussi important; et, peu à peu, les centres de production ne trouvant plus de débouchés pour les chevaux de guerre, cherchèrent à produire des élèves propres aux travaux agricoles et au gros trait. Cette race spéciale qu'avait recherchée la chevalerie disparut rapidement; ces caractères mâles et énergiques, cette fierté de l'avant-main, qui en faisaient le prix et la renommée se perdirent. De cette époque, date la dégénérescence de nos races hippiques.

En 1770, l'impératrice Marie-Thérèse voulut réveiller l'industrie chevaline. Dans le but de créer un cheval de carrosse, elle fonda le haras d'Alost: 60 étalons du

_____

(1) *Des races chevalines de la Belgique et des institutions hippiques de l'Europe;* par Douterluigne aîné, chevalier de l'ordre Léopold, médecin-vétérinaire du Gouvernement. Bruxelles, *G. Stapleau,* 1850.

Holstein, de Normandie, de Naples, avec quelques entiers arabes et danois furent les éléments avec lesquels on tenta d'améliorer les types indigènes. Cette tentative fut de courte durée, car les poulains issus de ces étalons étaient tellement mauvais qu'on se hâta de faire disparaître tous ces reproducteurs. 20 géniteurs anglais remplacèrent les premiers sans résultat positif; aussi Joseph II supprima-t-il ce haras en 1771.

Sous le gouvernement hollandais, les essais tentés pour produire le cheval d'armes et de carrosse ne contribuèrent qu'à faire dégénérer la race.

En 1821, la Société d'Agriculture de Gand se livra à l'étude approfondie des races indigènes, pour en faire le point de départ des améliorations projetées.

A partir de 1840, les étalons destinés à la monte publique durent être approuvés par une commission provinciale d'expertise.

Tel qu'il est encore actuellement, le cheval flamand est de tous les chevaux de gros trait un des plus estimés. S'il est généralement de tempérament mou, lymphatique, cela tient aux conditions de milieu où il est élevé, à la qualité inférieure de son alimentation; mais son tempérament peut se modifier, témoin les chevaux énergiques que l'on obtient en Normandie et dans le Royaume-Uni par l'introduction des poulains des Flandres.

Au moyen-âge, l'Angleterre eut bien souvent recours au sang flamand pour améliorer ses chevaux de trait et leur donner de l'énergie. Le roi Jean fit importer 100 étalons, et sous Edouard II l'on tirait généralement des Flandres les sujets destinés aux travaux agricoles.

C'est encore avec les juments flamandes et l'étalon de

pur sang anglais, que les éleveurs britanniques du Yorkshire produisent ces magnifiques chevaux de carrosse dont la valeur est si grande. Mais qu'on veuille bien remarquer que ces beaux carrossiers ne s'obtiennent pas toujours au premier appareillement de notre jument indigène avec l'étalon de pur sang.

Enfin les poulains des Flandres transportés en Angleterre, en Normandie, soumis à une nourriture tonique, stimulante, deviennent des chevaux de première force, remarquables par leur énergie et leur résistance à la fatigue.

Si, maintenant, nous voulons rechercher les moyens d'améliorer cette population chevaline de la basse Belgique, il suffit de nous laisser guider par l'expérience acquise depuis des siècles et qui se répète encore tous les jours sous nos yeux. Suivons en cela l'exemple de la Grande-Bretagne : donnons aux poulinières et à leurs produits une nourriture abondante et substantielle; entourons ces utiles animaux des soins qu'ils réclament; apportons dans l'accouplement, ce choix judicieux que mettent dans ces circonstances les premières nations hippiques du monde; et le succès est certain. Nous pourrons alors faire revivre, dans les limites du besoin, ces magnifiques destriers que l'Europe se disputait au moyen-âge et dont les qualités ont tant contribué à la brillante renommée de nos milices nationales.

Qu'on se rappelle les exploits de la cavalerie belge sous les ducs de Bourgogne : Jean sans Peur, Philippe le Hardi, Charles le Téméraire; la défaite de François Ier à Pavie par le gentilhomme comte de Lannoy, la victoire de Gravelines gagnée par le comte d'Egmont à la tête de ses fameux escadrons d'ordonnance, et l'on pourra juger de l'éclat qui rejaillit sur notre patrie par le courage, l'intrépidité de ses enfants puissamment secondés par les nobles coursiers qu'ils montaient.

Toutefois, nous nous empressons de faire observer que, s'il ne s'agissait que de créer le cheval de luxe, nous n'entendrions pas proscrire d'une manière absolue, comme moyen d'amélioration, le croisement du cheval du Nord avec le pur sang de forte stature; non, mais comme nous devons exposer dans tous ses détails les conséquences de l'introduction d'un sang étranger dans les veines de nos populations chevalines, nous réservons momentanément la question.

La zone campinienne se caractérise par des marais, des bruyères et des dunes. Les chevaux rabougris, décousus, qui la peuplent généralement, ne doivent pas nous arrêter.

Les zones sablo-limoneuse et limoneuse englobent le Brabant, le Hainaut et tout le territoire des provinces de Namur et de Liége, situé sur la rive gauche de la Sambre et de la Meuse.

La renommée du Brabant pour ses belles cultures est très-ancienne : les auteurs du commencement du Ve siècle les citaient déjà comme exemples dans le Midi des Gaules. Aujourd'hui, les cultures y sont fort variées, le sol fertile, les prairies très-riches. Ses pâturages fournissent une nourriture abondante qui donne beaucoup d'ampleur aux formes décousues de la race chevaline.

Au moyen-âge, ces *chevaux brabançons* ont joui d'une réputation aussi méritée que celle des chevaux des

Flandres. A l'époque actuelle, il n'y a plus d'homogénéité dans la race, et, si on veut la perfectionner, il faut la régénérer avant tout par la sélection, la nourriture et les soins.

Avant de quitter le territoire du Brabant, nous signalerons des chevaux de trait à formes dégagées, élancées, légers de l'avant-main, qu'on élève dans les environs de Tirlemont; ils forment la *race du Hageland*. Les croisements opérés du temps du haras avec le cheval de sang anglais ont produit de bons résultats. Malheureusement, les bons types de la race du Hageland deviennent rares.

Nous ferons encore observer que, dans les environs de Nivelles, de Gembloux et de St-Trond, on a constaté des succès avec les étalons de sang du haras.

Dans le Hainaut et la partie des provinces de Namur et de Liége située sur la rive gauche de la Sambre et de la Meuse, le sol est d'une fertilité remarquable, la végétation très-puissante.

Ce pays est regardé en Belgique comme un centre de grande culture; cependant, les propriétés sont déjà divisées, les grandes fermes y sont peu nombreuses et tendent à se morceler davantage par suite des établissements industriels qui surgissent partout.

La population équestre du Hainaut appartient encore au gros trait; elle s'éloigne par son développement des races flamande et brabançonne, mais elle s'en rapproche néanmoins par la conformation.

Les *chevaux du Borinage* méritent une mention spéciale; ils sont de taille moyenne et se distinguent par leur énergie. Si de grands propriétaires voulaient rechercher les meilleurs types de cette contrée et en faire le point de départ de la création d'un cheval de cavalerie, par le croisement répété avec des étalons de sang, il est très-probable que les troisièmes métis pourraient faire souche pour le cheval d'armes.

Le *cheval de la Hesbaye* a de la taille, du volume, mais pèche sous le rapport des proportions ; avant de recourir au croisement pour produire le cheval de selle, il faut d'abord régénérer la race par elle-même, faire disparaitre l'habitude pernicieuse qu'ont les fermiers de distribuer une alimentation insuffisante à leurs poulains.

Ici nous devons relever une décision très-regrettable prise, il y a quelques années , par le conseil provincial de Liége. S'inspirant abusivement des principes de liberté inscrits dans notre belle Constitution , il a aboli toutes les mesures restrictives concernant la reproduction ; de sorte que, tous les entiers, bons ou mauvais, peuvent être livrés à la monte publique sans l'autorisation préalable d'une commission d'expertise compétente.

Cet acte, contraire aux intérêts économiques bien entendus de l'agriculture , a eu des suites détestables. Ainsi, au dernier concours décennal de 1873 , toutes les primes principales ont été remportées par des éleveurs des provinces limitrophes de la province de Liége.

Ces faits prouvent que, si la liberté favorise la prospérité des nations, il ne faut cependant pas qu'elle dégénère en licence ; car la liberté de chacun a pour limite la liberté de tous.

La *zone condrusienne* peut se diviser en deux parties qui diffèrent par le système de culture et la population animale.

La *zone condrusienne proprement dite* comprend le territoire des provinces de Namur et de Liége situé sur la rive droite de la Sambre et de la Meuse jusqu'à Liége. Elle est formée de plateaux peu élevés, privés d'abris, dont le rude climat dépend des vents froids qui tombent de l'Eifel et de la haute Ardenne.

La culture, quoique en progrès, est loin cependant d'atteindre la prospérité de la plupart des zones que nous venons de passer en revue.

C'est le véritable centre de grande culture ; les fermes sont généralement assez importantes et il n'est pas rare d'en rencontrer de cent hectares. Dans ces dernières exploitations, il y a souvent une vingtaine de chevaux pour les travaux agricoles.

Les représentants de l'espèce chevaline qui peuplent le Condroz proprement dit, appartiennent à la *race condrusienne*. Ils sont de taille moyenne, musculeux, énergiques et trottent avec facilité. L'appellation de *double ardennais* qui sert souvent à les désigner, indique la similitude d'origine qui existe entre cette population équestre et celle de la haute Ardenne. Les condrusiens ont donc les qualités des ardennais avec un peu plus de taille et de volume ; les plus petits forment d'excellents chevaux d'artillerie.

La deuxième partie de la zone condrusienne dite *pays de Herve* ou de *Limbourg*, comprise entre la Vesdre et la Meuse, représente une immense prairie réservée exclusivement à l'espèce bovine.

La *zone ardennaise* est la plus montagneuse de notre petit pays Les plateaux élevés sont recouverts de broussailles, de bruyères et forment d'immenses terrains vagues qui atteignent le chiffre considérable de 107,755 hectares. Les vallées seules sont livrées à la culture et offrent çà et là des pâturages qui sont loin d'être plantureux. Le sol est généralement peu fertile, le climat est rude et froid. C'est dans cette zone que l'on rencontre le meilleur cheval d'artillerie.

Race ardennaise. — Le cheval ardennais remonte aux temps les plus reculés de notre histoire nationale. Lorsque Jules César pénétra dans les Gaules, l'an 57 avant l'ère chrétienne, ce cheval possédait déjà les qualités qui lui valurent du général romain ses titres de noblesse : sobre, rustique, infatigable, il servit d'abord de cheval d'armes aux Trévires, célèbres par leur cavalerie et leurs chars de guerre.

Au VIIIe siècle, un abbé de St-Hubert introduisit dans le Luxembourg des étalons limousins issus des chevaux arabes restés en France, après la défaite des Sarrasins par Charles-Martel (732).

Après les Croisades, le sang de race arabe se mêla directement à l'ardennais.

Au moyen-âge et dans le XVIe et le XVIIe siècle, le cheval du Luxembourg fut très-recherché pour le service de la cavalerie.

Pendant les guerres de la République française et de l'Empire, on fit réquisitions sur réquisitions ; et, dans les quelques milliers de chevaux qui résistèrent au froid glacial de la Russie et aux privations de toutes sortes, lors des désastres de la grande armée, on ne comptait que des ardennais et des bretons. Aussi, Napoléon Ier les proclama-t-il, plus d'une fois, les *chevaux infatigables*.

Mais cette consommation effrayante de tout ce qu'il

y avait de fort, de vigoureux, amena une décadence manifeste de la race.

A la séparation de la Belgique et de la Hollande, le sang ardennais se trouvait fortement appauvri par suite d'appareillements défectueux avec des étalons mal conformés ou trop jeunes ; par suite aussi du mauvais régime alimentaire des poulinières et de leur progéniture, du travail prématuré et enfin de l'inobservance des lois les plus élémentaires de l'hygiène. Il est reconnu, que toutes les races équestres peuvent se détériorer sous l'influence de conditions aussi désavantageuses ; rien d'étonnant donc que nos rustiques ardennais dégénérèrent.

Une situation aussi déplorable devait attirer l'attention d'hommes généreux et dévoués. Une Société luxembourgeoise pour l'amélioration de la race chevaline de la province fonctionna bientôt et produisit d'heureux résultats.

En 1837, le Conseil provincial décréta que les étalons indigènes, pour pouvoir servir à la monte, devaient être approuvés par une commission spéciale. Des primes furent allouées aux plus belles poulinières et aux produits les plus remarquables.

En 1840, une somme de 30,000 francs fut portée au budget de l'Etat pour l'encouragement de l'agriculture. Ce subside fut distribué aux propriétaires d'étalons approuvés par les commissions provinciales d'expertise et aux propriétaires des juments suitées de leur poulain de l'année issu de ces mêmes étalons.

Ces 30,000 fr. furent répartis entre les neuf provinces dans la proportion des allocations portées pour le même objet aux budgets provinciaux. Cette somme est réellement dérisoire vu l'importance de l'industrie chevaline belge.

Vers la même époque, on établit dans le Luxembourg une station d'étalons arabes et anglo-normands que l'on ne supprima qu'une vingtaine d'années après, sans avoir pu réaliser la moindre amélioration.

A l'époque actuelle, le cheval des Ardennes est le cheval type pour l'artillerie; il suffit, pour ne conserver aucun doute à cet égard, de jeter un coup d'œil sur les attelages de nos différents régiments d'artillerie de campagne, sans en excepter les chevaux de trait de l'artillerie à cheval. Ceux qui ont assisté aux manœuvres du camp de Beverloo, ont dû admirer la rapidité incroyable avec laquelle ces chevaux enlèvent nos belles pièces de campagne. Rien n'arrête, rien ne fatigue ces moteurs courageux et intrépides : les fossés, les ravins que la cavalerie franchit, n'offrent pas le moindre obstacle à la marche rapide de nos batteries montées.

L'ardennais possède donc, avec ce grand développement musculaire, cette énergie qui dépend de la fusion des qualités physiques et morales, que l'on exige pour l'artillerie.

Dans son numéro du 27 novembre dernier, le *Guide du Sport* publiait une lettre émanée d'un officier de cavalerie. A côté d'idées très-justes sur l'introduction du pur sang dans l'armée, l'auteur écrit : « Non-seulement l'État a été forcé depuis quelque temps d'élever notablement le prix d'achat des chevaux d'artillerie (provenant du Luxembourg), mais encore les sujets qu'il parvient à se procurer, ne présentent plus les qualités que l'on trouvait autrefois réunies dans les chevaux de batteries montées. Le type s'est allégé , les chevaux les plus forts et les plus grands étant tous achetés , soit par l'Allemagne , soit par les omnibus à des prix de beaucoup supérieurs au maximum alloué par l'État. »

Pour ce qui concerne la provenance de ces chevaux, l'auteur de cette lettre fait erreur. Les grands moteurs que l'artillerie possédait , il y a quelques années , n'étaient ni nés ni élevés sur le sol aride des Ardennes : c'étaient des produits du Condroz , des êtres plus ou moins déclassés de la Hesbaye et d'autres zones agricoles; beaucoup n'approchaient pas de notre cheval du Luxembourg, sous le rapport du courage, de l'énergie et du fond. Et si l'on veut bien réfléchir à l'insuffisance de la ration alimentaire du cheval de troupe pour ces machines volumineuses, on se rendra compte de la détérioration, du lymphatisme, du peu de vigueur qu'on observait souvent. Sous l'influence d'une nourriture peu abondante, nos condrusiens de forte taille, les mieux trempés, ne pouvaient que perdre de leur résistance.

Nous félicitons donc sincèrement le département militaire d'estimer à sa juste valeur notre cheval ardennais, doué , suivant l'expression originale de notre savant collègue, M. Pétry, d'une véritable organisation de fer.

Le système de remonte employé met le fermier éleveur en rapport direct avec le principal consommateur, le Ministère de la guerre ; il fait bénéficier celui-ci des dépenses inhérentes au maquignonnage des foires et marchés. Ce système a donc nos suffrages et nous serons toujours heureux de voir le Gouvernement persévérer dans cette voie.

Notre cheval montagnard, anobli par Jules César, a peu démérité en parcourant une longue série de siècles pour arriver jusqu'à nous. Toujours il a possédé les qualités qui font l'excellent cheval d'armes; et, si sa noblesse a été de nouveau affirmée après la campagne de Russie (1812), par la grande voix de Napoléon, cette noblesse, le cheval ardennais l'a conservée. Quoiqu'en disent les détracteurs, notre race des montagnes nous est enviée par l'Europe entière.

L'Allemagne fait des sacrifices considérables pour implanter chez elle notre type de cheval d'artillerie. Elle achète, à beaux deniers comptants, nos bons reproducteurs et nos beaux poulains de race.

La Russie aussi a reconnu l'importance du cheval du Luxembourg. Il y a quelques années, elle chargea notre président, M. L. Carbillet, d'acquérir un convoi des meilleurs géniteurs de cette race, dans le but de les faire servir à l'amélioration de ses populations équestres.

La France en apprécie également la valeur. M. Sanson, l'éminent zootechnicien, dans une lettre adressée à M. Stiennon, dit : « j'ai fait acheter, il y a quelques mois, par les délégués du Comice de Langres (Haute-Marne), un étalon belge de la variété ardennaise qui n'eut certes point redouté la comparaison avec un Norfolk quelconque pour la régularité de ses formes. »

Mais, messieurs, comme il n'existe rien de parfait sous le soleil, la race ardennaise, à côté d'éminentes qualités sous le rapport du fond, du tempérament, de la rusticité, de sa spécialisation comme cheval d'artillerie et d'agriculture de notre province montagneuse, présente toutefois, quelques imperfections, qu'il est du devoir du Gouvernement de faire disparaître au plus tôt. Pour y parvenir, l'Etat n'a qu'à vouloir ; il lui suffira de profiter des enseignements de l'expérience et de rejeter toute idée spéculative qui voudrait l'engager dans une voie inconnue.

Les résultats remarquables, obtenus dès les premiers temps de notre indépendance nationale par la Société luxembourgeoise, doivent nous aider à trouver le fil d'Ariane qui nous guidera dans l'amélioration de cette race indigène.

Alors, par une nourriture abondante, des soins intelligents donnés aux poulinières et à leurs descendants, par des accouplements judicieux et un travail modéré, sous l'influence d'un système de culture plus intensif, le cheval ardennais vit bientôt sa taille grandir, son garrot s'élever. En somme, cette société n'a fait que mettre en pratique ce précepte des arabes, que la race doit s'améliorer par elle-même, et qu'il est toujours possible de remonter au type primitif d'une race pure qui aurait été appauvrie, soit par la privation de nourriture, soit par des travaux excessifs et non appropriés à la nature du cheval, soit par le manque de soins.

C'est en faisant reproduire les plus beaux et les meilleurs géniteurs que l'on parviendra à ramener le type pur. C'est en encourageant, à l'aide de primes élevées, les propriétaires des meilleurs reproducteurs, (étalons et juments poulinières), en passionnant nos éleveurs par l'appât du profit et même de récompenses nationales, que nous parviendrons à fixer sur notre sol ces beaux étalons, que les pays étrangers viennent nous ravir à des prix exorbitants.

Le gouvernement qui se montre si prodigue de distinctions honorifiques à l'égard des peintres qui reproduisent, sur toile, les animaux domestiques, ne pourrait-il pas récompenser aussi l'éleveur intelligent qui, par ses connaissances et ses soins, a su produire le plus beau cheval type, en os et en chair? En améliorant notre production animale, en la perfectionnant, le cultivateur fait œuvre aussi méritoire, pour le moins, que le peintre d'animaux. Si la gloire artistique de celui-ci rejaillit sur le pays, celui-là, par son dévouement éclairé à l'industrie chevaline, concourt à la prospérité nationale et au bien-être de tous.

Si nous nous sommes étendu avec une certaine complaisance sur tout ce qui concerne le cheval de service si précieux aux petits propriétaires ardennais, c'est à cause de sa valeur, de ses éminentes qualités, des services signalés qu'il rend à l'armée, et des attaques dont il a été parfois l'objet; c'est encore, parce que la patrie de ce moteur d'élite est la contrée la plus pauvre et par cela même la plus digne d'intérêt; c'est enfin parce que nous désirons attirer sur elle les largesses du Gouvernement pour favoriser le perfectionnement de la principale branche de la production agricole.

Nous rejetons formellement tout croisement avec le sang noble, comme moyen de régénération, puisque le cheval ardennais avec ses caractères, nous est indispensable pour l'artillerie. Vouloir le modifier, pour en faire un cheval de cavalerie, serait une mauvaise entreprise zootechnique qui rappellerait ces vers du bon La Fontaine :

« Un tiens vaut mieux que deux tu l'auras. »
« L'un est sûr ; l'autre ne l'est pas. »

Dans notre conviction,cette mesure ne serait pas seulement inopportune et anti-économique *en présence du peu d'homogénéité du sang indigène*, mais encore une faute grave, qui augmenterait la perturbation dans les caractères de la race.

CHAPITRE III.

Questions soulevées par le croisement de nos poulinières indigènes avec l'étalon étranger.

Production de types spéciaux pour le luxe et la cavalerie. — Impossibilité de créer le cheval unitaire. — Conditions à exiger des éleveurs pour opérer avec succès le métissage. — Races chevalines dans lesquelles on doit choisir les poulinières.

A. — *Faut-il créer une famille spéciale de métis pour le luxe et l'armée, ou produire ces chevaux exceptionnels dont parle M. le professeur F. Gérard, métis naissant et disparaissant annuellement sans racer ?*

Messieurs, la plupart d'entre vous se rappellent encore ces poulains défectueux que l'on obtenait du premier croisement de nos juments indigènes avec les entiers du gouvernement. Ces produits, généralement décousus, n'étaient aptes ni au luxe, ni à la cavalerie, ni à l'artillerie; le plus grand nombre n'était pas digne de figurer ailleurs que dans de tristes vigilantes. Quant à les faire servir comme chevaux d'attelage de luxe, il ne fallait pas y penser.

Mais, si l'on présentait à l'étalon de sang les pouliches

de premier croisement les moins imparfaites, elles don-
naient déjà des produits assez réussis; cependant, pour
obtenir de beaux résultats, il fallait arriver à la troisième
génération.

Ces faits, tous les collègues qui se sont trouvés à
la tête de stations de reproducteurs de sang, peuvent
les affirmer. De plus, tous les grands propriétaires
qui se sont occupés du métissage n'ont obtenu des
succès que dans les dernières années de l'existence du
haras du gouvernement. La cause réside en ce que ces
fermiers s'ingénièrent à améliorer les juments qu'ils
livraient à la reproduction; ils leur infusèrent à la longue
la quantité de sang noble qui leur était nécessaire pour
obtenir des poulains irréprochables, tandis que les petits
cultivateurs n'employaient que des juments indigènes impropres à l'amélioration de la race et souvent même leur
bidette d'allures sans forme et sans type.

Si ces résultats n'avaient pas été constatés dans notre
pays, il suffirait pour faire disparaître tout doute, à cet
égard, d'observer la pratique des anglais lorsqu'ils produisent le cheval de carrosse du Yorkshire ou le cheval de
cavalerie.

Il est donc bien entendu que, désirant profiter des enseignements du passé, nous rejetons la production de la
race adventice de M. le professeur Gérard. Nous voulons, à côté de nos races naturelles pour le luxe et pour
l'armée, la création d'une famille métisse spéciale, qui se
reproduirait par elle-même, sauf à en rafraîchir le sang
par l'étalon de race noble à des moments déterminés.

B. — *Faut-il créer le cheval unitaire propre à tous les
services ?*

Nous ne nous arrêterons pas à pareille fantaisie : autant vaudrait se mettre à la recherche de la pierre philosophale.

Nous ferons seulement remarquer que, sous prétexte de produire le cheval unitaire, des sociétés agricoles font de la réclame aux dépens de l'armée, en s'appuyant sur l'obligation sacrée de la défense nationale. Le département militaire étant appelé, d'après elles, à profiter des améliorations projetées, doit aussi en supporter les charges.

Et bien! Nous serions curieux de savoir ce que l'armée retirerait de l'accouplement de l'étalon du Norfolk avec les juments hesbignonnes et condrusiennes. Serait-ce le cheval d'artillerie? C'est parfaitement inutile de le produire puisqu'il existe en Ardennes. Serait-ce alors le cheval de cavalerie? Encore moins ; car avec le trotteur Norfolk et les juments de labour, on produirait tout au plus des métis pour la voiture.

C. — *Tous les fermiers se trouvent-ils dans de bonnes conditions pour produire des métis ?*

Votre rapporteur a déjà résolu négativement cette question, en faisant l'analyse de la dissertation de M. le professeur Gérard (1) ; le métissage, disait-il, ne prendra jamais racine sur le sol belge chez les petits éleveurs. Seuls, les grands cultivateurs pourraient se livrer avec bénéfice à l'élève du cheval croisé.

---

(1) *Echo vétérinaire·* Avril, 1874. — Analyse des dissertations de M. le professeur *F. Gérard sur la production en Belgique de chevaux croisés propres au service de la guerre, du luxe et du demi-luxe;* par JULES GÉRARD, vétérinaire militaire à Liége.

Chez ces amateurs opulents, nous voudrions voir prospérer la production du cheval de luxe, d'où découle naturellement le cheval de guerre. Ils ont le temps et les ressources pour s'occuper avec profit de cette partie de l'industrie chevaline.

C'est donc à cette catégorie spéciale d'éleveurs possédant de grands domaines, qu'il faut s'adresser pour créer les métis destinés à la cavalerie. Avec de bonnes juments indigènes, des soins éclairés, une méthode d'éducation rationnelle, une nourriture de premier choix et beaucoup de persévérance, on arrivera à des résultats excellents. Si, au contraire, on convie les petits cultivateurs à la création nouvelle, on répétera les essais ruineux qui ont amené la chute du haras de l'Etat. Sachons donc profiter des insuccès, et ne supputons plus les bienfaits de tel ou tel étalon par le nombre de ses saillies, mais bien par la qualité de ses produits.

La création d'une famille métisse est chose difficile, très-longue et qui exige de l'éleveur une grande sagacité. Il faut que ceux qui veulent s'y adonner soient à même de supporter les essais infructueux et d'attendre, pour la rémunération de leurs sacrifices, la 3me ou la 4me génération issue des croisements avec l'étalon étranger.

Lorsqu'il s'agit de perfectionnements apportés aux races domestiques, on cite toujours les anglais comme ayant obtenu en très peu de temps des résultats tenant du prodige. Quoi de plus simple alors que de chercher à les imiter, de répéter leurs expériences sur une échelle réduite, si nous voulons avoir chance de réussir ?

Les lords et baronnets britanniques, qui se vouent à l'amélioration des races équestres, sont à la tête de fortunes colossales et de domaines immenses. Lorsqu'ils obtiennent, après plusieurs croisements, les perfectionnements désirés, ils les fixent par l'accouplement des meilleurs métis entre eux. La procréation a lieu dans la famille ; ils ne craignent aucunement les effets de la consanguinité, parce qu'ils ne font reproduire que les sujets d'élite, remarquables par leurs qualités corporelles et morales. Lorsqu'il y a atavisme , ils le combattent en recourant à l'étalon pur sang.

Si les éleveurs belges veulent réussir dans leurs essais de croisement et de métissage, qu'ils imitent les anglais passés maîtres en cette matière.

D. — *Toutes nos races indigènes doivent-elles servir au métissage ?*

Nous écarterons de la discussion la *race ardennaise*, puisqu'elle fournit les chevaux de trait des régiments d'artillerie de campagne, des batteries à cheval et des compagnies du train. Vouloir modifier cette population chevaline par l'apport d'un sang étranger, serait agir contre les intérêts de l'armée et du pays.

Les *chevaux condrusiens* possèdent des qualités précieuses pour servir à la création du cheval de luxe et de cavalerie : sobres, rustiques, énergiques, ils ont de la taille et trottent légèrement. Les exploitations de la zone agricole qu'ils habitent sont généralement assez importantes; aussi cette partie du pays est-elle considérée comme un centre de grande culture.

Il y aurait donc lieu d'essayer ici le métissage en prenant toutes les précautions voulues. L'étalon qui paraît le mieux convenir à cette contrée, qui se caractérise par un sol assez pauvre et un climat rude, est le *reproducteur irlandais*, préconisé en premier lieu par M. le professeur F. Gérard.

Les *chevaux de la Hesbaye, du Hainaut, du Brabant*, doivent, avant tout, être améliorés par la sélection; nous ferons ici remarquer les bons résultats obtenus, du temps du haras de l'Etat, par l'étalon de pur sang anglais avec les juments du *pays de Nivelles*, du *Hageland* et des environs *de St-Trond et de Gembloux*. Ces succès autorisent de nouveaux essais pour la procréation du cheval de guerre.

Race flamande. — Il ne viendra à l'idée de personne de produire le cheval de cavalerie avec nos puissants *chevaux des Flandres*; mais si l'on ne peut réussir dans cette direction, il est des succès que l'expérience des éleveurs du Yorkshire rend très-probables : nous voulons parler du croisement de la jument flamande et surtout de celle du *Franc de Bruges* avec l'étalon de pur sang étoffé, membru et de forte taille, pour produire de beaux carrossiers.

— Afin de compléter les données relatives aux races indigènes qui doivent être choisies pour base des croisements, nous résumerons ce qui a été dit sur les exploitations et nous y ajouterons quelques détails sur les cultures industrielles.

D'après les notions consignées au chapitre : *Géographie agricole*, la Belgique se divise naturellement en deux parties séparées par la Sambre et la Meuse. Sur la rive gauche de ces cours d'eau et en dehors de la Hesbaye, des environs de Nivelles, de St-Trond et de Gembloux,

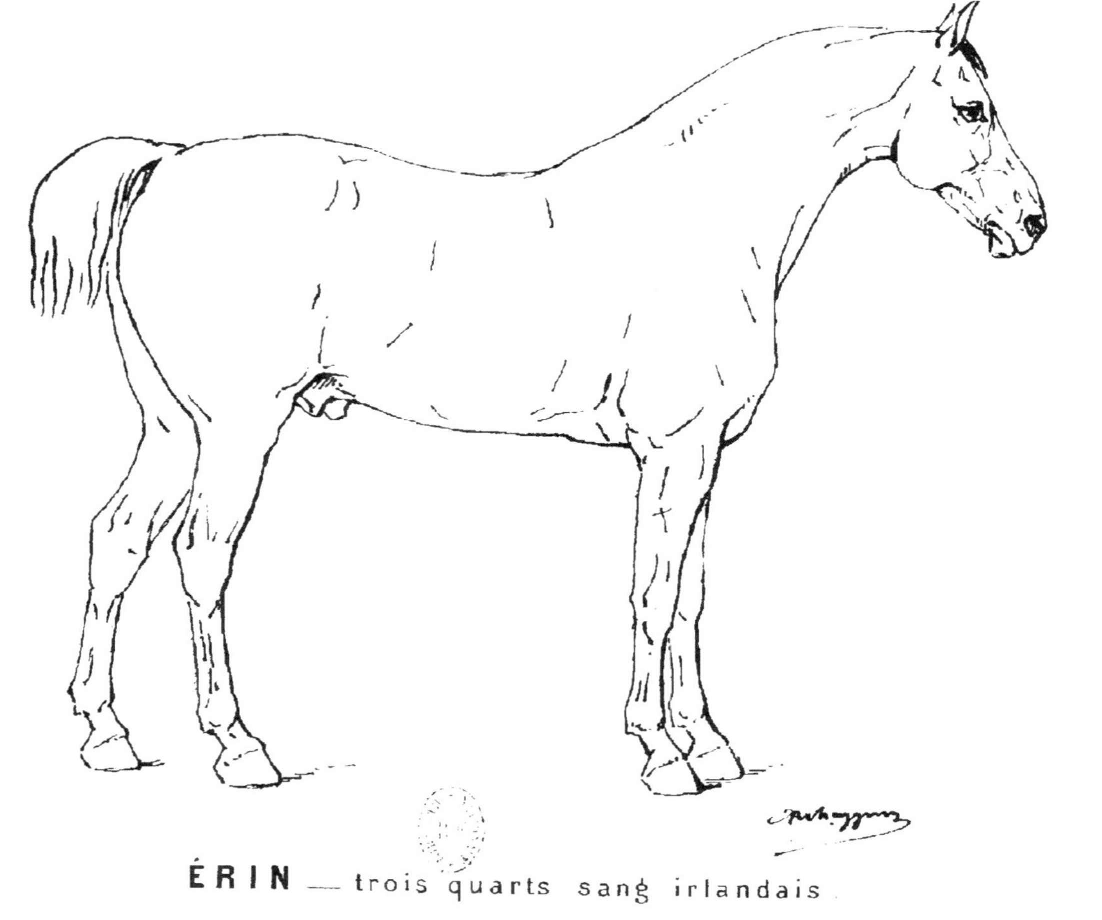

ÉRIN — trois quarts sang irlandais

les fermes sont généralement peu importantes, la division des terres s'accentue tous les jours, les cultures industrielles progressent rapidement, tandis que les prairies naturelles disparaissent : toutes conditions défavorables à l'élève du cheval. De plus, les spéculations sur le bétail de rente se sont en partie substituées aux spéculations sur le cheval.

En 1846, la Belgique possédait vingt-cinq sucreries alimentées par une culture de 2125 hectares de betteraves ; en 1866, 100 fabriques de sucre étaient en activité sur notre territoire, et 18,074 hectares étaient employés à la production de leur matière première ; à l'époque actuelle, on peut évaluer le nombre des sucreries en activité à 160, et le total des terres qui fournissent la betterave à 35,000 hectares (1).

En 1846, on cultivait 29,879 hectares de lin; en 1866, 57,045.

En 1846, le pays cultivait 26,098 hectares de colza; en 1866, malgré l'emploi de l'huile de pétrole pour l'éclairage, le colza couvrait encore une superficie de 26,412 hectares.

Ces quelques chiffres indiquent suffisamment l'extension progressive, depuis vingt-cinq ans, de nos principales cultures industrielles.

Si l'on ajoute que ces cultures industrielles siégent principalement dans les Flandres, le Hainaut, le Brabant et la Hesbaye, l'opinion que nous venons d'émettre, c'est-à-dire, le peu de chances de voir fleurir la produc-

---

(1) PATRIA BELGICA. — *Élève du bétail et animaux domestiques*, par M. J. Leyder.

tion du cheval de luxe et de guerre dans ces provinces,
devient évidente; ce n'est que dans des conditions excep-
tionnelles qu'elle pourra être avantageuse aux éleveurs.

Sur la rive droite de la Sambre et de la Meuse, les
propriétés sont moins divisées, les cultures industrielles
peu connues; l'élève du cheval léger rencontre ainsi des
conditions plus favorables à sa réussite.

CHAPITRE IV.

Choix de l'étalon améliorateur.

Le métissage n'est pas viable s'il ne fournit que le cheval d'armes. — Reproducteurs dont on doit préconiser l'importation : le cheval anglais de pur sang et le cheval irlandais. — Puissance héréditaire problématique du trotteur Norfolk.

Les connaissances acquises par l'étude de notre sol, des phénomènes climatologiques, des systèmes de culture, des productions agricoles, de la fertilité des zones, des races chevalines indigènes et des habitudes des éleveurs, doivent être mises largement à contribution pour nous éclairer dans le choix si difficile de l'étalon régénérateur. A cette fin, nous tâcherons, en respectant les lois des transitions, de ne pas violenter la nature ; nous pourrons ainsi parvenir à ce résultat : le cheval de luxe et le cheval de guerre.

« Comme le dit Houel, en traitant de la production »chevaline, les vérités sont partout les mêmes, et pour »arriver au même but, il faut suivre le même chemin. »En raisonnant ainsi, on s'instruit par l'exemple des »anciens et par celui des peuples qui marchent dans la »bonne voie. En procédant autrement, on invente une

»science à soi seul, qui n'a souvent d'autre mérite que »celui de l'ancienneté ou de la phraséologie captieuse »dont on s'enveloppe. »

Mais ce cheval de cavalerie sera-t-il spécialisé complètement pour l'arme citée, ou pourra t-il, dans beaucoup de cas, être livré au commerce comme cheval de luxe ?

Si l'on voulait circonscrire le métissage dans le cercle étroit et peu lucratif de la production des chevaux de selle nécessaires aux remontes annuelles de notre armée, il serait parfaitement oiseux de s'occuper d'une entreprise zootechnique aussi ingrate ; il ne peut s'agir d'élever seulement des chevaux d'armes , mais bien des chevaux de luxe et de guerre. Les produits les mieux réussis seront naturellement livrés au commerce à des prix beaucoup supérieurs au maximum du prix de remonte fixé par le département militaire. Mais à côté de ces métis de valeur, l'armée trouvera des chevaux qui n'auront pas une conformation aussi correcte ; ils seront moins estimés sous le rapport commercial ; mais ils posséderont, sauf le brillant et l'élégance, même noblesse, même énergie, même rusticité.

Voilà comment le métissage peut devenir une opération avantageuse pour nos éleveurs , sinon il n'a pas de raison d'être , quels que soient les arguments puissants que l'on ait à faire valoir pour le défendre.

Les reproducteurs que le gouvernement doit introduire dans notre pays, sont *des pur sang anglais et irlandais ou leurs dérivés les plus rapprochés*, dont nous allons exposer immédiatement les qualités et les aptitudes.

Cheval anglais de pur sang (1).

D'après le livre des haras qui fait autorité dans la Grande-Bretagne, le pur sang est le descendant direct des chevaux arabes et barbes. Il y a cependant quelques coursiers qui font exception à cette règle générale. Ainsi *Sampson* et *Bai-Molton* qui ont été les meilleurs chevaux de course de leur temps, possédaient des traces de sang vulgaire.

Le climat de l'Angleterre, une nourriture saine et abondante, des soins assidus, et une éducation rationnelle, ont modifié profondément la race arabe et produit cet animal célèbre : *le cheval anglais.*

Le pur sang se distingue, en général, par la beauté de sa tête, son encolure arquée et bien attachée, ses épaules obliques et allongées, la courbe de ses jambes de derrière, ses hanches amples et musculeuses, ses jambes sèches, un peu courtes depuis le genou et son paturon long et élastique.

Au commencement du siècle dernier, seuls, les chevaux adultes prenaient part aux luttes du turf. Dans ces luttes, ils devaient déployer tout à la fois de la vigueur et de la rapidité. Les distances à parcourir étaient de trois ou quatre milles, non-seulement pour les prix royaux, mais encore pour de simples paris.

Les chevaux de course de ce siècle-là, étaient de

---

(1) Ces notions sur le cheval pur sang ont été puisées dans un ouvrage très-consciencieux, *The Horse*, par William Youatt, célèbre vétérinaire britannique, mort il y a quelques années.

beaux et puissants animaux ; ils avaient autant de rapidité qu'on pouvait raisonnablement désirer et une vigueur que rien ne pouvait vaincre.

Mais les anglais ne s'arrêtèrent pas à ce type puissant. Ils essayèrent d'augmenter la vitesse de leurs coursiers, croyant que la vigueur devait également progresser. Ils obtinrent pour résultat, un cheval d'une forme allongée, aussi beau, peut-être plus beau que ses prédécesseurs ; mais les yeux des hommes scientifiques y découvrirent une diminution de puissance musculaire, avec des tendons moins saillants ; la rapidité était aussi grande qu'on pouvait la rêver, mais la résistance avait diminué.

Ces superbes animaux, trop spécialisés pour la course, furent incapables de parcourir les distances que leurs prédécesseurs franchissaient avec facilité. Les grandes courses, regardées comme trop cruelles, passèrent de mode, et l'on arriva à les réduire de moitié (1).

Malgré cette transformation de la race de pur sang, elle est encore regardée comme une des meilleures de l'époque pour régénérer la plupart des races équestres de l'ancien continent. Les résultats magnifiques que l'on obtient dans le Wurtemberg, la Prusse, la France, justifient cette prédilection.

Avec nos belles juments flamandes, engrainées dans le

---

(1) La spécialisation du cheval de course poussée à l'excès depuis cinquante ans est un fait qui ne peut être mis en doute ; il n'est pas possible de nier la véracité des écrits de Youatt, lorsqu'il signale, malgré son orgueil national, cette dégénérescence de la race équestre de pur sang.

Yorkshire, l'étalon anglais de race pure donne au 2me et surtout au 3me croisement des carrossiers de très-grande valeur. Ces chevaux d'attelage, rien n'empêche de les produire dans les Flandres, en choisissant comme géniteurs les pur sang les plus forts, les plus étoffés et de taille élevée. Mais avant de se livrer à cette opération délicate, il faut modifier les habitudes d'élevage des fermiers de la basse Belgique et réclamer pour les poulains et les poulinières des soins éclairés et de fortes nourritures.

Nous préconisons encore le pur sang pour les chevaux des environs de Tirlemont, de Nivelles, de St-Trond et de Gembloux, parce que les résultats heureux qu'on en a obtenus, il y a quelques années, sont encore réalisables aujourd'hui, par un choix judicieux des juments nourricières et des étalons améliorateurs.

Cheval Irlandais (1).

Le cheval irlandais passait autrefois pour le meilleur de l'Europe. Très-ramassé, mais peu régulier, il est plus petit que le cheval anglais avec d'excellentes jambes dont les os sont larges, forts, et les muscles souples et nerveux. Il est très-peu de chevaux qui ne soient pas très nets dans leurs membres. Les qualités de ce cheval ne peuvent être contestées. Son peu de croissance est dû à la pauvreté du pays qu'il habite, ainsi qu'aux rudes travaux auxquels on le soumet à un âge peu avancé. Comme sauteur, le cheval irlandais n'a que bien peu de rivaux. Il saute mieux encore que le

____

(1) *Journal des Haras.*

cheval anglais; toutefois, il ne franchit pas les obstacles à la manière de celui-ci. Le cheval anglais s'allonge, l'autre imite le daim et se raccourcit du dessous. En sautant les murs, élevés en Irlande à la place de haies, pour séparer les champs, ces chevaux ont pris l'habitude de s'appuyer sur la crête, avec les pieds de derrière, afin de se donner un second élan. On peut assurer qu'un cheval de chasse irlandais, de bonne race, sur même sol et à obstacles égaux, accomplira sa tâche avec autant de vitesse qu'un cheval de chasse anglais, et quant à la durée, il est certain que deux chevaux irlandais tiendront plus longtemps que rois chevaux anglais. Cependant, au point de vue de la vitesse à produire en un temps très-limité, le pur sang de l'Irlande est moins estimé que le pur sang anglais.

Le cheval de chasse irlandais, dit M. Stiennou, dans son rapport sur la production du cheval de trait et de service, est employé aux travaux agricoles les plus rudes, dès l'âge de deux ans, et on l'y applique sans ménagement; il chasse à quatre ans et souvent à trois ans. Sous un poids de 80 à 90 kilogrammes, on le voit galopant légèrement, sûrement, très-vite, sur un sol difficile, inégal, parsemé d'obstacles qu'il passe avec une facilité prodigieuse, et franchissant des fossés ou des barrières, non-seulement très-larges et très-hautes, mais dont les abords sont, en outre, si mauvais et si profonds qu'ils y enfoncent jusqu'aux paturons.

« Ce cheval est court, plus trapu qu'allongé; la tête, un peu longue, est étroite vers le bas; l'oreille est serrée, l'œil est vif; l'encolure sort librement des épaules, qui sont bien faites, et cependant le poitrail n'a pas cette

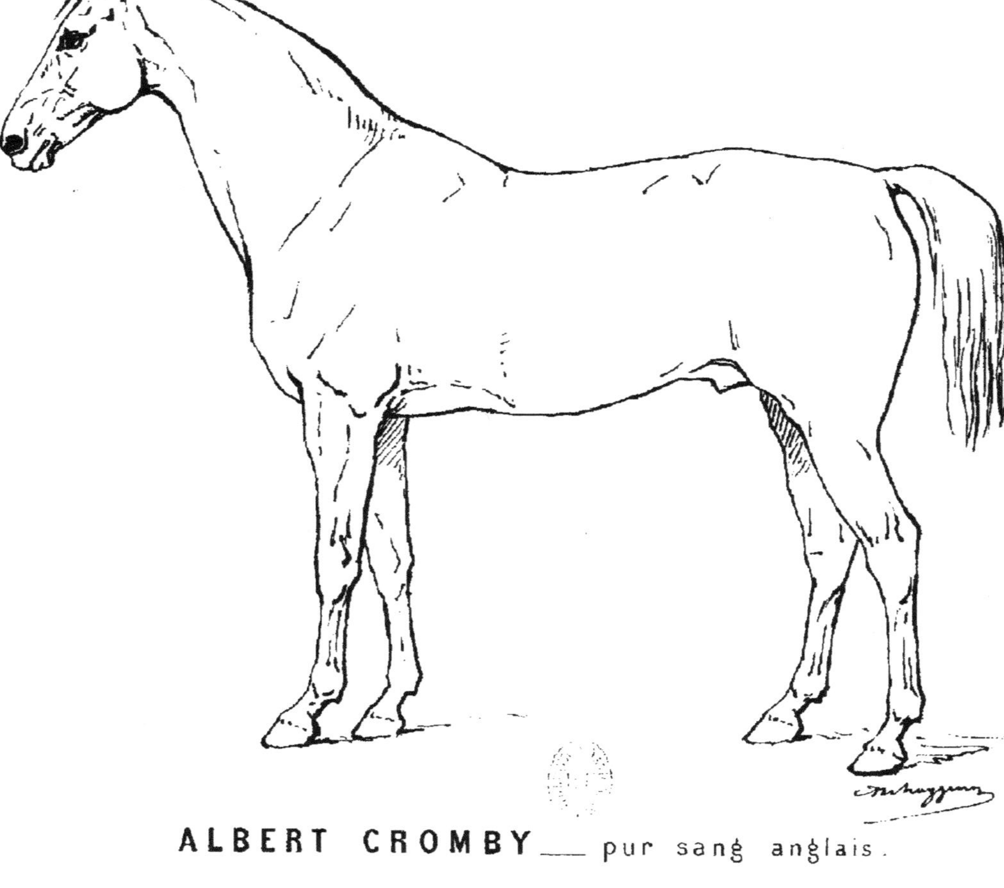

ALBERT CROMBY — pur sang anglais.

largeur que l'on désire dans le cheval de l'époque (1) ; loin de là, il est étroit ; les hanches sont écartées et très-saillantes ; le rein forme une vaste région, riche en muscles ; la croupe est quelquefois avalée et même un peu commune ; mais la membrure est large, forte, régulière, solide, exempte de tares, hormis celles qui viennent du travail ou de l'usure. Par devant, le cheval est haut et puissant, quoique étroit du poitrail ; mais ce manque de largeur, à vrai dire, n'est que relatif et saute aux yeux, à raison du grand développement des parties postérieures ; il en résulte que le corps est fait en coin, disposition favorable aux mouvements en avant, correctif heureux des inconvénients inhérents à une avant-main qui laisse à désirer.

»Comme la plupart des produits de nos vieilles races, il est dur dans ses actions et si vigoureux qu'un bon cavalier seul peut en tirer un grand parti. »

Le savant hippologue anglais, M. David Low, a proclamé ce cheval le type des plus belles variétés chevalines de la Grande-Bretagne.

M. le professeur F. Gérard, qui, le premier, l'a préconisé, pour régénérer nos races de l'Ardenne et du Condroz, en fait le plus bel éloge dans ses dissertations sur la production des chevaux croisés en Belgique. Il cite le vieux reproducteur *Erin*, de 3/4 sang, qui a été pendant tant d'années à la station de Verviers comme un type du genre. En quittant cette station, *Erin* fut placé à Seraing, puis chez M. le baron de Waha d'Anthisnes.

-----

(1) Le cheval unitaire pour M. Stiennon.

Les renseignements que notre estimable collègue, M. L. Carbillet, a bien voulu nous communiquer, sont complètement favorables à ce reproducteur.

— Si nous désirons vivement l'importation dans le Condroz du *cheval irlandais pur sang ou de son dérivé le plus rapproché*, c'est que nous avons en lui pleine et entière confiance, parfaitement justifiée, du reste, par les résultats obtenus par *Érin* du temps du haras de l'Etat.

Les métis qui naîtront du mélange des deux races, irlandaise et condrusienne, possédant à un haut degré la sobriété, la rusticité, la vigueur, l'énergie, ne peuvent être que des sujets d'élite, au point de vue de l'âme, de la puissance et du fond. L'enveloppe péchera peut-être comme forme, comme beauté, dans les premiers essais de croisement, mais les produits n'en seront pas moins vigoureux et résistants.

La jument du Condroz se caractérise par de belles qualités comme poulinière. Malgré l'ampleur de ses formes, elle est légère au trot et recherchée pour tous les services publics qui exigent de la vitesse et de l'énergie (tramway — omnibus). Le climat rude et froid du pays qu'elle habite, l'a rendue rustique et la nourriture intensive des plateaux des provinces de Namur et de Liége, a donné à tous ses tissus de la densité et une grande force de résistance.

Si nous ajoutons aux qualités si précieuses de la mère, les aptitudes éminentes du père pour la fin que nous voulons obtenir, nul doute que des croisements bien conduits n'aboutissent à des résultats favorables. Le reproducteur irlandais, indépendamment des caractères qu'il possède en commun avec la jument condrusienne,

communiquera en outre, aux produits, la légèreté d'avant-
main, la souplesse, la rapidité d'allures, la facilité pour
l'exécution des sauts de haies, de fossés, de barrières,
la grande vigueur nerveuse et le fond inépuisable.

Avec cet étalon, le travail des poulains, condition
sine quâ non pour le succès du métissage en Belgique, sera
possible ; puisque dans son pays natal, le cheval irlandais est employé, dès l'âge de deux ans, aux plus rudes
travaux de l'agriculture.

Cheval Norfolk (1).

Depuis quelque temps, le métissage par l'étalon du
Norfolk est vivement préconisé. Ses partisans vantent, à
l'envi, les améliorations qu'il imprimera à nos races chevalines ; c'est ce qui nous engage à noter les caractères
de ce reproducteur, ses qualités, et à nous prononcer
sur les conséquences bonnes ou mauvaises auxquelles
son emploi peut entraîner.

« Les trotteurs du Norfolk sont les produits de métis-
sages très-divers. Ceux qui les produisent s'y prennent
avec art, et réussissent sans trop suivre la même route.
Ils sont le résultat d'intelligentes combinaisons pratiques entre l'étalon de pur sang et diverses variétés
carrossières, de chasse ou de trait, améliorées par des
alliances antérieures. En étudiant leur généalogie qu'on
établit toujours avec soin, on y découvre des traces de
sang, mais rien de régulier, rien de fixe, ni quant à
la dose, ni quant à la génération à laquelle se rapporte

---

(1) Eug. Gayot. *La France chevaline.*

son introduction : c'est la manière de faire des anglais ; ils ne s'astreignent point à des règles invariables, à des théories rigides et préconçues ; ils observent et conforment leurs pratiques d'une part aux éléments qu'ils mettent en œuvre et d'autre part aux résultats qu'ils veulent réaliser. Ils savent toujours ce qu'ils veulent, là est leur véritable force. Ils opèrent leur mélange en toute connaissance de cause, sachant mieux que nous ce que doit leur donner l'union réfléchie de tel étalon avec telle poulinière. Voilà comment ils obtiennent un produit égal, ayant même conformation et mêmes aptitudes, en mariant les reproducteurs de pur sang ou d'un degré de sang quelconque, tantôt avec une carrossière, tantôt avec une jument de chasse, ou bien avec une jument de trait, *no blood*, ou déjà améliorée par un premier croisement. C'est ainsi que se fabriquent dans les contrées d'York et de Norfolk, ces trotteurs athlétiques et puissants qu'on voudrait voir se reproduire par eux-mêmes, comme il arrive de toute race établie et qui ne se montrent, presque, que comme un accident heureux à un explorateur superficiel ; tandis qu'ils sont réellement le fruit de judicieuses combinaisons des praticiens les plus habiles. Malheureusement, ces derniers sont clair-semés en tous pays, même en Angleterre, et il en résulte que si, par le procédé usité, on obtient beaucoup de bons chevaux de service, on ne trouve que très-exceptionnellement, parmi eux, des étalons capables. Ceux-ci, par exemple, une fois connus par leurs rejetons, sont largement employés à la production directe du cheval de service, du cheval marchand par le modèle et par les qualités.

» Le trotteur énergique et rapide dans ses allures, puissant dans ses actions, ne saurait être ni mince, ni léger ; il doit être corpulent et avoir un certain poids au-dessus duquel il gagnerait sans doute de la distinction et de la vitesse ; mais il perdrait à coup sûr de sa véritable force et de son aptitude à porter ou à traîner de gros poids. Il en est de lui comme de toutes les machines, comme de la locomotive, par exemple, dont la puissance est en raison du poids. Otez du poids au trotteur de Norfolk et vous lui enlèverez une partie de son point d'appui, quelque chose par conséquent de sa puissance. Aussi voyez comme il est fait ; il est d'apparence lourde, massive, mais, en réalité, solide et bien ensemble ; fort dans sa charpente, non moins fort par ses masses musculaires et tendineuses, il peut beaucoup si on lui demande beaucoup sans inconvénient ; il est bâti en athlète et tient autant qu'il promet.

» Les trotteurs anglais ne manquent pas précisément de taille, surtout comme pères ; mais en disant comment on les fait, quel mode d'accouplements les produit, nous avons suffisamment démontré qu'ils ne sont pas assez confirmés dans le sang pour devenir des étalons bien sûrs. »

M. Stiennon, qui proposa le premier au Gouvernement l'achat d'étalons du Norfolk comme modificateurs de nos races hippiques, en parle d'une manière très-élogieuse. Mais les essais tentés jusqu'à ce jour ne sont pas assez nombreux, assez concluants, pour nous faire partager l'engouement que l'on semble avoir pour le Norfolk ; nous ajouterons même que le peu de puissance héréditaire individuelle dont sont pourvus les géniteurs métis en général, nous fait un devoir de mettre l'éleveur en garde contre l'emploi de ce reproducteur. C'est, dit M. Sanson, le plus sûr moyen de mettre le trouble dans une population chevaline quelconque.

Enfin cet étalon est incapable de procréer un seul cheval de cavalerie avec les juments condrusiennes et hesbignonnes.

CHAPITRE V.

***

Considérations générales sur l'étalon.

Conditions que doivent réunir les reproducteurs. — Age. — Acclimatation.— Les Norfolk de la province de Namur. — Travail. — Nombre de saillies.— Discussion du Rapport voté par le Conseil supérieur d'agriculture et des opinions qui ont été émises à ce sujet.

A différentes époques et dans divers pays, l'on a introduit, dans le but d'élever des géniteurs de race pure parfaitement acclimatés, des colonies d'étalons et de juments d'élite. Ce système pourrait être pris en considération, si la Belgique possédait comme la France, l'Autriche, la Prusse et la Russie, de grands haras et de vastes propriétés nationales. Mais dans les conditions actuelles, on doit lui préférer celui que nous préconisons, d'autant plus qu'il est généralement démontré que les reproducteurs mâles s'acclimatent plus facilement et peuvent en plus petit nombre atteindre le but désiré; enfin, que les poulinières indigènes communiquent à leurs produits une certaine résistance aux dangers de l'acclimatation.

Cette façon de procéder a aussi cet avantage de ne

pas occasionner des dépenses aussi grandes que celles qui résulteraient de l'acquisition d'étalons et de juments de race.

Les reproducteurs devront réunir les trois conditions suivantes :

1° Le bonne origine authentiquement constatée, tant du côté du père que de la mère ;

2° La bonne et régulière conformation ;

3° Le mérite éprouvé (ce que les anglais nomment les Performances).

Age. — L'étalon améliorateur ne doit être introduit en Belgique qu'à l'âge adulte, lorsqu'il aura fait ses preuves et témoigné de son aptitude à supporter les travaux en rapport avec sa destination.

Nous n'admettons pas l'acquisition de reproducteurs de trois ans, quelle que soit du reste leur race, comme cela s'est fait naguère encore pour la province de Namur. A cet âge, la puissance de transmission n'a certainement pas atteint son apogée.

L'étalon doit avoir cinq ans révolus au moment de l'achat et ne peut être livré à la monte qu'après six mois d'acclimatation. — Nous ne croyons pas devoir entrer dans les détails justificatifs de ce conseil qui trouve sa raison d'être dans les principes posés par la science zootechnique.

Travail. — Un travail modéré entretient le fonctionnement normal de tous les organes et conserve les facultés prolifiques ; en énonçant cette opinion, nous nous conformons aux faits acquis ; il est d'observation que les étalons oisifs fournissent plus de résultats négatifs que ceux qui travaillent légèrement. Aussi, regardonsnous la simple promenade des anciens reproducteurs de l'Etat, comme tout à fait insuffisante.

Saillies. — Afin d'assurer aux produits la plus grande somme possible de la vigueur, des aptitudes du père et de conserver à celui-ci toutes ses qualités fécondantes, le nombre maximum des saillies doit être fixé à 60 pendant l'âge adulte et être diminué notablement après l'âge de dix ans. — Nous sommes donc loin du chiffre de 118 saillies, faites en 1873 par un étalon de demi-sang, *Star of the West,* de la station de Waereghem.

Nourriture. — Elle doit être abondante, substantielle et de première qualité.

— Passons maintenant en revue les décisions prises par le conseil supérieur d'agriculture, relativement à la question qui nous occupe. Nous discuterons seulement celles qui nous paraissent contraires aux intérêts agricoles.

1° L'intervention du gouvernement doit consister dans l'allocation de primes en faveur des personnes qui importent et entretiennent des étalons.

On doit laisser à l'éleveur le soin de rechercher la race la plus propre à la destination indiquée.

L'intervention de l'Etat doit être, pour nous, plus complète que celle qui a été préconisée par le conseil supérieur d'agriculture. L'allocation de primes, quoique nécessaire, ne nous paraît pas suffisante.

Il faut que le gouvernement qui possède de puissants moyens d'action, fasse lui-même les acquisitions d'étalons; s'en rapporter à l'initiative privée, c'est ajourner la solution du problème zootechnique en discussion et faire disparaître les chances de réussite.

On nous opposera peut-être l'expérience désastreuse du haras de Gembloux. Mais à cette époque, l'État avait été induit en erreur par des hommes, honorables sans doute, mais qui ne possédaient pas les connaissances requises pour remplir convenablement l'importante mission qui leur était confiée. Les étalons monorchides, corneurs, tiqueurs, méchants et mal conformés qui ont voyagé dans les différentes stations du pays, attestent suffisamment l'absence de connaissances hippiques chez les amateurs qui avaient été chargés d'en faire l'acquisition.

Ces étalons seraient exposés en vente publique dans les zones agricoles où ils devraient fonctionner, ou cédés gratuitement aux fermiers-éleveurs sous certaines conditions.

La mise en station par l'État doit être complètement rejetée.

Il est de toute nécessité que des hommes spéciaux, des vétérinaires, parfaitement initiés à toutes les questions hippiques et agissant au nom du gouvernement, tranchent toutes les difficultés relatives aux étalons à employer dans les diverses zones agricoles. Si des éleveurs, achetant directement sans l'intermédiaire de l'État, veulent obtenir la prime, ils doivent importer des géniteurs de la race indiquée. Le Gouvernement, qui alloue de gros subsides aux détenteurs de chevaux mâles, peut exiger de ceux-ci toutes les qualités et aptitudes voulues.

D'ailleurs, l'amélioration de l'espèce chevaline exige impérieusement l'unité de vue et l'unité d'action ; de plus, il faut de la persévérance dans les efforts tentés, des connaissances hippiques profondes et de l'expérience chez ceux qui veulent s'en occuper.

Pour préciser le nombre d'étalons étrangers qu'il faudrait importer, le Gouvernement doit tout d'abord, par l'intermédiaire des comices agricoles, des sociétés provinciales d'agriculture, faire un relevé des grands propriétaires disposés à se livrer au métissage, nombrer exactement les belles juments qu'ils possèdent et qui doivent servir de point de départ pour la production du cheval de luxe. Dix-huit étalons suffiraient, pensons-nous, pour essayer le croisement ; ils seraient répartis comme suit :

Condroz, 4 étalons *irlandais*.

Tirlemont, 2 étalons *anglais*.

St-Trond, 1 étalon *anglais*.

Pays de Nivelles, 2 étalons *anglais*.

Flandres, 6 étalons *anglais*.

Il resterait encore pour le Hainaut, le Brabant et la Hesbaye, 3 reproducteurs qui seraient répartis d'après les demandes et les exigences de la contrée.

2ᵐ *Allocation de primes d'encouragement en faveur des personnes qui importent ou entretiennent des étalons.*

3° *Une Commission nommée par Monsieur le Ministre de l'Intérieur sera chargée de s'assurer que les étalons réunissent les qualités nécessaires pour que les propriétaires soient admis à jouir du bénéfice des primes.*

4° *Les étalons approuvés par cette commission spéciale et employés au métissage, ne sont pas soumis à l'action des commissions provinciales d'expertise.*

5° *La prime maximum est de 3,000 francs. Elle doit varier selon les qualités et les circonstances.*

6° *Pour obtenir la prime d'entretien, le propriétaire doit prouver que l'étalon a sailli au moins 30 juments.*

L'allocation de la prime d'entretien devrait plutôt être subordonnée à la quantité et même à la qualité des produits ; car un entier peut parfaitement saillir le nombre voulu de juments, sans posséder de facultés prolifiques suffisantes. Dans ce cas, le résultat sera tout aussi négatif que s'il n'a pas sailli le nombre voulu de poulinières.

Les résultats étant à peu près nuls des deux côtés, la prime doit être refusée.

Si le propriétaire du reproducteur qui se trouve dans ces conditions en a fait l'acquisition sans l'intervention de l'Etat, il ne peut le garder qu'à ses risques et périls, toute prime lui étant supprimée.

Si c'est un étalon acheté par le Gouvernement, celui-ci doit le reprendre, et, suivant le cas, le mettre à la réforme, le remplacer par un autre géniteur plus prolifique, ou bien supprimer la station s'il y a insuffisance de poulinières. Aussi, pour éviter, le plus possible, des mécomptes, il est indispensable de connaître exactement le nombre de reproductrices convenables que les propriétaires destinent au métissage.

7° Le prix de la saillie est fixé à 20 francs. La jument pourra être saillie trois fois par l'étalon. Pour les juments de pur sang, le détenteur de la jument conviendra du prix avec le propriétaire de l'étalon.

8° Toutes les juments saines peuvent être admises à la saillie.

Cette décision sera amplement commentée dans le chapitre suivant. Disons cependant qu'en 1851, sur la proposition que M. Carbillet fit à M. le comte d'Ives de Bavay, un certificat avait déjà été rendu obligatoire pour toute poulinière qu'on présentait aux entiers du gouvernement.

Dans les provinces possédant des étalons améliorateurs, le ministère nommerait une commission composée de trois médecins-vétérinaires pour examiner les juments destinées au croisement, dresser leur signalement et distribuer les certificats d'admission.

9° La Commission fixe comme minimum la somme de 100,000 francs qu'il conviendrait de demander à la législature.

Lors de la suppression du haras de Gembloux, la somme de 100,000 francs que coûtait annuellement cette institution, a été complètement enlevée à l'agriculture. Depuis cette époque, l'élève du cheval croisé n'a plus été encouragé. Nous ferons encore observer que les allocations en faveur de l'agriculture, ne sont pas en rapport avec les sommes que celle-ci verse dans les caisses de l'État. En présence de ces faits, le Gouvernement ne peut refuser les subsides que peuvent solliciter les sociétés vétérinaires et agricoles dans le but d'améliorer la production du cheval de luxe.

De cette somme que le département de l'Intérieur affectera à l'industrie chevaline, un cinquième servira à augmenter les primes allouées pour favoriser le perfectionnement de nos races indigènes.

CHAPITRE VI.

Considérations générales sur la jument.

Qualités des poulinières qui doivent servir au croisement avec l'étalon améliorateur. — Défauts, tares, maladies qui doivent les faire rejeter impitoyablement de la reproduction.

*Toutes les juments saines doivent-elles être admises à la
saillie ?*

Il y a lieu de s'étonner, messieurs, que cette question
ait été résolue affirmativement par le Conseil supérieur
d'agriculture , composé presqu'exclusivement de spécialistes très-versés dans les sciences hippiques. M. le professeur F. Gérard , même, n'insiste pas, un seul instant,
sur les qualités à exiger des juments destinées au métissage. Ne semblerait-il pas que l'ascendance maternelle
n'eût pas sa part d'influence sur les caractères et la
conformation des descendants? Or, il est suffisamment
acquis que les attributs des géniteurs : qualités corporelles et intellectuelles, perfections et défauts , le bon et
le mauvais se transmettent. Le sang de la mère est le
liquide qui nourrit et forme l'embryon ; toutes les maladies qui ont leur origine dans le sang peuvent se retrou-

ver chez le poulain. « Il ne suffit point, dit l'érudit S. Verheyen, de jeter dans un moule pris au hasard, le germe le plus parfait, le plus irréprochable ; la mère dans le sang de laquelle se développe ce germe, ne reste pas étrangère à la transmission des qualités physiques et morales inhérentes au produit. » Si la jument ne peut transmettre des aptitudes qu'elle ne possède pas, elle communiquera les défauts qu'elle tient de ses ascendants et parfois des défauts accidentels. Et l'on admettrait à l'étalon, sans examen, des poulinières destinées au croisement de nos races, poulinières dont le plus grand nombre ne pourraient produire que des poulains détestables entachés de vices héréditaires ! Certes, avec des principes aussi erronés sur la reproduction, on ne peut que tromper le cultivateur-éleveur, le pays, et faire ressusciter ces chevaux déclassés qui pullulaient du temps du haras de Gembloux. Régi par des idées semblables, le métissage a vécu; et, moins heureux que le phénix, il ne renaîtra jamais de ses cendres.

Ces quelques mots suffiront, espérons-le, pour démontrer l'importance qu'on doit accorder à la bonne conformation de la jument devant servir à l'élève du cheval de luxe ; à ce sujet, et pour appuyer notre manière de voir, nous ne pouvons faire mieux que de puiser nos lumières chez les peuples qui ont fait de la production chevaline l'objet de leur constante sollicitude.

Les arabes ont commencé l'instruction hippique du monde ; les anglais qui les ont suivis dans cette voie, se sont inspirés de leurs préceptes et de leurs enseignements ; les prussiens et les wurtembourgeois ont imité ces nations privilégiées, aussi ces différents peuples possèdent-ils des races chevalines excellentes et douées d'aptitudes remarquables.

L'arabe qui prête gratuitement son étalon aux belles juments de race, le refuse toujours à celles de race inférieure ou à celles affectées de certains vices, tares, ou maladies héréditaires. Nous ajouterons que les propriétaires de poulinières de distinction leur laissent souvent une année de repos après chaque gestation, afin d'en conserver toute la puissance et d'obtenir des poulains forts et énergiques.

Les anglais ont créé, avec des sujets de race orientale, cette race de pur sang dont ils sont fiers, à juste titre. Si, dans les sous-races britanniques, l'on a eu à constater des détériorations, celles-ci dépendent, d'après le célèbre vétérinaire anglais Youatt, dont l'autorité en production chevaline était reconnue dans tout le Royaume-Uni, « de l'emploi pour la procréation de juments sans qualités et de l'insuffisance des aliments donnés à leur progéniture. Le fermier cependant s'imagine, la plupart du temps, dit Youatt, que la première jument venue pourra lui procurer un bon élève, s'il la croise avec un grand étalon chargé de graisse et portant un nom bien sonnant. Et s'il est trompé dans son attente, il en attribue la faute au cheval et non à son peu de jugement. Or, beaucoup plus de choses dépendent de la jument qu'il ne se l'imagine dans sa philosophie » (1).

Dans l'île d'Alsen, séparée du duché de Schleswig par un canal étroit, habite le duc d'Augustenbourg, pro-

---

(I) *The horse*, par W. Youatt, traduit par M. Cluseret.

priétaire et grand éleveur. Il possède dans son haras particulier 30 juments et quinze ou seize étalons pur sang, importés d'Angleterre. La plupart de ces étalons servent à peupler le duché d'une race améliorée. Le duc tient registre de toutes les juments fécondées par ses étalons ; dans beaucoup de cas, il examine lui-même la jument et, d'après ses formes, qualités ou défauts, il fait choix de l'étalon qui peut le mieux lui convenir.

Mais il est une circonstance qui mérite une attention toute particulière : le duc, dans son haras, ainsi que les paysans des environs, conservent leurs bonnes juments nourricières et ne veulent s'en défaire à aucun prix ; ils ne vendent que celles qui possèdent quelque défaut.

Le Wurtemberg est parvenu à un haut degré de prospérité dans l'industrie chevaline de luxe. Dans ce pays, étalons et reproductrices sont également soumis à un examen sévère et ils sont rejetés impitoyablement comme géniteurs, dès qu'ils sont tarés, vieux ou atteints d'affections héréditaires.

La France n'a pas profité des faits acquis chez les peuples que nous venons de citer. Des juments trop petites et incomplétement développées ont été confiées aux étalons de sang des haras de l'Etat, pour produire le cheval propre aux remontes de cavalerie ; des résultats désastreux en ont été la conséquence. Comme le dit très-bien notre collègue M. Abadie, l'administration des haras mérite, sous ce rapport, le reproche de ne pas surveiller mieux qu'elle le fait les qualités des juments présentées à des entiers de valeur, qui s'épuisent à les féconder sans résultat utile. Cependant, il faut bien l'avouer, la France est une des nations de l'Europe le plus favorisée, non-seulement pour produire le cheval de guerre, mais encore le cheval propre à tous les services. Malgré ces avantages naturels, la cavalerie n'a jamais pu se remonter complètement sur le territoire national.

La Belgique a fait école désastreuse : la plupart de nos cultivateurs se rappellent encore les déceptions qu'ils ont éprouvées, en livrant des juments de race douteuse aux étalons du gouvernement. Inutile donc de renouveler une expérience aussi fatale à notre industrie chevaline.

Si nous voulons produire une race de luxe par le croisement, ne confions à l'étalon améliorateur que nos plus belles juments indigènes possédant les qualités distinctives de leur race.

— La jument peut servir à la reproduction à un âge moins avancé que l'étalon, mais il faut néanmoins qu'elle ait achevé toute sa croissance, soit 4 ans faits pour la poulinière de race indigène (1). Elle doit être de bonne constitution, de moyen embonpoint, avoir une poitrine ample, des membres solides, bien d'aplomb, avec des mouvements libres et étendus ; des muscles bien dessinés, de la

______

(I) Tout récemment, un collègue français a proposé de faire saillir les pouliches de 3 ans. Nous ne pouvons nous rallier à cette manière de voir, parce que, à cet âge, la gestation ne peut qu'être nuisible aux poulinières et à leur progéniture.

Les arabes disent que la période la plus favorable pour reproduire est, chez la jument, de 5 à 12 ans, et chez l'entier de 6 à 14. Il est à remarquer que, par le système d'élevage employé, le poulain arabe arrive rapidement à son développement complet.

Les riches, les nobles observent cette limite d'âge, mais les gens du peuple, mûs par l'appât du gain, s'en écartent souvent.

vigueur et du fond. Elle doit en outre être docile et de bon caractère.

Les causes qui doivent toujours la faire exclure sont :

1° Les maladies héréditaires, telles que la plupart des suros, les éparvins, les tumeurs articulaires, les goitres, les mélanoses, les maladies de l'appareil génital, la fluxion périodique des yeux, l'épilepsie, l'immobilité, le rhumatisme, la pousse, le cornage chronique, le crapaud, la phymatose, etc....

2° La manie de tiquer, de mordre, de ruer. Ces derniers vices, dit Haubner, se transmettent plus souvent par la mère que par le père. Cette différence dans la force de transmission n'est pas une qualité héréditaire ; elle doit être plutôt attribuée à l'imitation de la mère par le poulain pendant la période d'allaitement.

Pour terminer ce qui a trait à la jument poulinière, nous dirons encore, que celle-ci doit recevoir en tout temps, mais particulièrement pendant la période de gestation, une nourriture substantielle.

Un travail modéré favorise le jeu fonctionnel de tous les organes de la nourricière, facilite la parturition et exerce une influence très-favorable sur le développement du poulain; tandis que le repos est la cause de beaucoup d'avortements.

CHAPITRE VII.

Généralités sur l'élève du métis.

Les données relatives à l'éducation méthodique et rationnelle des poulains sont généralement peu connues en Belgique ou du moins peu appliquées. Il s'agit donc, avant tout, de réagir vigoureusement contre les habitudes routinières et vicieuses, si nuisibles à la progéniture de nos races animales domestiques.

Dans ce but, le Gouvernement instituerait aux stations d'étalons, des *cours publics d'hippologie appliquée*, qui seraient confiés aux vétérinaires rapprochés de ces stations.

L'institution de ces cours a été vivement appuyée et commentée par M. le professeur F. Gérard; les raisons invoquées en leur faveur sont irréfutables. Nous croyons donc devoir attirer, d'une façon toute spéciale, l'attention de nos gouvernants sur les idées de notre estimable collègue, qui consistent dans la vulgarisation des notions générales suivantes : *Soins, éducation, nourriture, appa-*

*reillement, croisement de nos races chevalines et influence
des reproducteurs sur leurs produits (1).*

Une nourriture substantielle est indispensable au
poulain, puisqu'elle doit servir non-seulement à son entretien, mais encore à son accroissement.

L'éleveur lésinant en ces circonstances, contrarie le
développement du jeune sujet et nuit à ses propres
intérêts. L'avoine doit donc entrer dans la ration.

Les poulains destinés au luxe et à la cavalerie seront
habitués très tôt à l'usage du bridon, du mors et de la
selle; dans ces opérations diverses, il est prudent d'ap-
porter douceur et patience.

Si l'on demande du travail dès l'âge de deux ans et
demi, ce doit être avec la plus grande modération. Un
véritable entraînement est nécessaire pour ne pas excéder
les forces du poulain; agir autrement, ce serait détruire
le ressort de la machine vivante, avant qu'il eût acquis
toute sa force de résistance et amener ces tares des
membres qui déprécient tant l'espèce chevaline.

Le poulain de trois ans, a dit Abd-el-Kader, est comme
l'arbrisseau : « tout ce qui lui fait obstacle l'empêche de
croître et détruit les espérances légitimes qu'on pouvait
avoir en lui. »

Le métis, dans sa jeunesse, demande donc des conditions d'alimentation et des soins spéciaux que les grands
propriétaires seuls, disposant de vastes pâturages et
de domestiques bons cavaliers peuvent prodiguer.

---

(1) Voir 1° Le travail intitulé : *Principes qui doivent guider les
cultivateurs pour améliorer les animaux domestiques,* par *M. J. B.*

CHAPITRE VIII.

Projets d'amélioration des races équestres indigènes.

I. — *Projet de M. Leyder.*

Parmi les projets d'amélioration de nos races chevalines indigènes, présentés récemment par les sociétés provinciales d'agriculture, il en est un fort remarquable, dû à notre collègue M. Leyder, professeur à l'Institut de Gembloux.

Legrain, ancien vétérinaire du Gouvernement, médecin vétérinaire militaire, 1865.

2° Le *Manuel de l'éleveur du cheval croisé en Belgique, suivi d'une méthode de dressage à laquelle il convient de soumettre le jeune cheval avant de le livrer au commerce,* par M. *Modeste Foelen,* membre de l'Académie royale de Belgique, médecin vétérinaire du Gouvernement à Saint-Trond, 1868.

(*Mémoire couronné par la société protectrice des animaux*).

Ce projet vise à la formation d'une *Société hippique belge*, au capital social de 1,200,000 francs ou de 1 1/2 million, dont l'Etat assurerait au capital versé, et ce, pendant un certain nombre d'années, un minimum d'intérêt de 4 1/2 pour cent.

La *société* acquerrait dans les Ardennes un domaine de 500 à 600 hectares pour y établir un haras.

L'institution de ce haras aurait pour but :

1° De reconstituer et d'améliorer par elle-même l'excellente race chevaline de l'Ardenne et du Condroz ;

2° De créer des chevaux de service et de luxe, par le croisement des chevaux ardennais et condrusiens avec le sang arabe et le sang anglais.

Afin d'arriver à cette amélioration, la *société hippique* entretiendrait dans son haras :

1° Des étalons ardennais — condrusiens — arabes — de pur sang — et de demi sang anglais.

2° Des juments ardennaises — condrusiennes — arabes — de pur sang — et de demi sang anglais.

Les juments et étalons indigènes serviraient à la régénération de nos races, par la formation de reproducteurs d'élite et seraient en outre employés aux travaux de l'exploitation.

Les entiers feraient la monte publique.

Les chevaux de pur sang seraient multipliés respectivement à l'état de pureté.

Les juments du pays, pour recevoir l'étalon de sang, devraient être reconnues, par une commission spéciale, aptes à produire de bons métis.

De plus, la *société hippique* pourrait acheter aux éleveurs, les poulains croisés au sortir du sevrage ou les recevoir en pension , pour en faire l'éducation et le dressage.

Le *principe d'association* sur lequel repose ce projet, est celui qui produit dans toutes les branches de l'activité humaine les plus grands résultats ; aussi applaudirions-nous à l'initiative d'une société qui prendrait pour devise : *régénération des races chevalines belges.* Malheureusement, les capitalistes sont assez craintifs de leur nature ; ils ne recherchent guère les spéculations dont ils ne peuvent retirer que la satisfaction du devoir accompli.

Quant aux races de chevaux nobles à entretenir de préférence et à employer au croisement, **M. Leyder** dit qu'elles seraient déterminées par les résultats des premiers essais tentés, soit dans le haras même, soit chez les particuliers.

Les idées émises dans le corps de notre travail et qui ont été largement développées, nous permettent de signaler simplement, sans entrer dans des détails, que nous sommes ennemis de l'amélioration de la race ardennaise par le croisement avec une race noble, mais que nous souscrivons entièrement à toute régénération qui aurait pour base la sélection et l'observation rigoureuse des lois de l'hygiène.

II. — *Projet d'amélioration de la race ardennaise par le rapporteur.*

Le projet de M. Leyder ayant peu de chance d'aboutir par suite de l'énorme capital social dont il faudrait disposer, voyons s'il n'existe pas de moyens d'une réalisation plus facile, n'exigeant pas une mise de fonds aussi considérable et qui, cependant, nous conduiraient au perfectionnement de notre population chevaline de la haute Ardenne sans recourir au sang noble.

Votre rapporteur, messieurs, se basant sur les succès obtenus dans la province de Liége, par le système établi par la commission d'agriculture pour le croisement de la race porcine indigène avec la race perfectionnée du Yorkshire, préconise le projet suivant :

Formation d'une *Société hippique belge* au capital de 100,000 francs, ayant pour mission précise, l'amélioration *in and in* de la population équestre du Luxembourg, amélioration basée sur l'acquisition des plus belles juments de race et leur cession sous certaines conditions déterminées, aux cultivateurs de cette province.

L'association fonctionnerait comme suit :

Première année. — La première année, le département militaire céderait à la société ses belles juments ardennaises au prix de mille francs. En admettant que l'on ne trouve qu'une jument convenable sur deux batteries montées et batteries à cheval (1), on obtiendrait, de cette façon, 17 reproductrices. Si de ce nombre nous en défalquons 7 n'ayant pas les aptitudes voulues, il restera encore *dix* juments poulinières.

Deuxième année. — La deuxième année, la commission de remonte, instituée pour faire les achats nécessaires à l'artillerie et au train, recevrait du gouvernement, la mission d'acquérir les juments types qu'elle rencontrerait dans ses voyages à travers le Luxembourg (2). En portant les acquisitions à 20, nombre qui sera facilement dépassé, la société pourrait donc déjà, dès la deuxième année, céder 30 juments aux fermiers.

Troisième année. — La commission de remonte continuerait à acheter les juments aptes à servir à l'amélioration de la race. Soit encore ce chiffre de 20 ; la société disposerait ainsi de *cinquante* reproductrices.

En poursuivant cette voie, la société pourrait, la

---

(1) L'artillerie belge comprend quatre régiments de campagne, composés de :

30 batteries montées,
4 batteries à cheval.

Nous ne parlerons pas des batteries de réserve puisqu'elles n'existent que sur le papier.

(2) Si le gouvernement confiait à la commission de remonte la délicate mission de l'achat des reproductrices d'élite, il y aurait lieu d'adjoindre à cette commission un deuxième vétérinaire.

sixième année, avoir 110 juments en station, chiffre trop considérable pour le capital social engagé.

Mais il est à remarquer que, dans ce total de 110, plusieurs femelles seront infécondes, (soit 10 pour %) ou entachées de maladies, tares, vices héréditaires qui les rendront impropres à la reproduction, (soit encore 10 pour %). Il restera donc à peu près *nonante* poulinières qui représentent une valeur un peu moindre que le capital social.

Les juments non productives ou impropres au perfectionnement de la race, par suite de défauts ou vices héréditaires, seraient incorporées dans les batteries montées ou les compagnies du train pour un prix déterminé avec le ministère de la guerre ; par exemple, la valeur approximative de chaque cheval étant de mille francs, le département militaire remboursera cette somme, en tenant compte toutefois d'une moins value de 75 francs par année depuis le moment de l'acquisition.

Le gouvernement agira de même pour toute poulinière sortant de l'armée ; il fera à la société hippique, sur le prix d'achat, une diminution de 75 francs par an, depuis le moment de l'incorporation.

Si le cheval était impropre au service militaire, il serait réformé, vendu à bref délai, et remplacé chez l'éleveur dont il provient, par une jument plus prolifique ou mieux conformée.

La commission provinciale d'agriculture serait appelée à donner son avis motivé pour la répartition des reproductrices chez les cultivateurs.

Conditions à imposer aux fermiers concessionnaires.

Tout détenteur de jument devra :

1° Nourrir, soigner convenablement poulain et poulinière, et ne pas exiger de cette dernière des travaux excessifs ;

2° La livrer à la reproduction pendant sept ans ;

3° La faire saillir par les étalons de race ardennaise approuvés par la commission officielle provinciale ;

4° Fournir en dédommagement à la société hippique, contre remise d'une prime de 150 francs, un produit femelle réussi, de 3 ans, issu de la jument cédée. Si la pouliche était de qualité inférieure, cette dernière prime ne serait pas allouée.

L'Etat favoriserait les opérations sociales en distribuant des distinctions honorifiques, aux éleveurs qui se dévoueraient à l'amélioration de nos races chevalines.

Surveillance des poulinières cédées.

Les reproductrices suitées de leur poulain, seraient réunies une fois par an à un endroit déterminé, dans chaque circonscription agricole, afin de s'assurer des soins que les cultivateurs leur donnent.

Les pouliches issues de ces juments seraient réparties autant que possible dans la même circonscription agricole que la mère, pour stimuler et même forcer le détenteur primitif à remplir strictement ses engagements envers la société.

Le Gouvernement demanderait aux administrations

communales de vouloir prendre les mesures nécessaires,
pour que l'on puisse toujours avoir des renseignements
exacts sur les juments cédées et sur leurs produits.

Maniement des capitaux et intérêts qu'ils produisent.

Le prix des chevaux achetés aux troupes montées se
solderait au chef de l'arme, représentant du département
militaire.

Les juments acquises par la commission de remonte
seraient soldées par elle aux fermiers, puis la société
hippique verserait dans les caisses de l'Etat, les sommes
déboursées. Par ce procédé les frais seraient pour ainsi
dire nuls (1).

On éviterait les catastrophes financières en nom-
mant un secrétaire-trésorier présentant des garanties
sérieuses, et possédant un dixième ou plus des actions;
ou encore, en limitant la somme dont il pourrait disposer seul (2).

Les fonds ne seraient versés par les souscripteurs,
qu'au fur et à mesure des besoins sociaux.

Un délégué du Gouvernement ferait de droit partie du
conseil d'administration de la société, afin de s'assurer
de la légalité des actes sociaux et des avantages obtenus

---

(1) Frais de voyage de la commission dans les cas de nécessité constatée — frais de bureau pour le secrétaire.

(2) Le secrétaire de la commission provinciale d'agriculture pourrait parfaitement remplir ces fonctions.

dans l'amélioration de notre population chevaline de la haute Ardenne.

Le capital social est de 100,000 francs (1).

Les actions, au nombre de 200, sont de 500 francs chacune.

L'intérêt de la somme versée, assuré par le Gouvernement et la province de Luxembourg, est de 5 %.

A partir de la troisième année d'existence, l'Etat et la province remboursent annuellement quatre actions.

Les chevaux cédés aux fermiers, devront être assurés par une société solvable, jusqu'à ce que les détenteurs aient fourni, en dédommagement, une pouliche de 3 ans.

Sommes annuelles à débourser par les autorités.

Amortissement annuel à dater de la 3e année de l'institution sociale . . . . . . fr. 2,000

Intérêts de la somme de 100,000 fr. Ce capital social diminuant chaque année par suite de l'amortissement de quatre actions, l'intérêt annuel moyen, réparti sur les 52 années sera de . . . . » 2,900

Compagnie d'assurance . . . . » 1,500

Frais de voyage — de bureau — etc. . » 1,000

Total fr. 7,400

(1) Le capital social se trouvant assuré par l'Etat et le Luxembourg, sera souscrit au premier appel.

Cette somme de 7,400 francs doit être augmentée du total des primes à distribuer annuellement aux fermiers concessionnaires qui fourniraient à la société un produit réussi.

Après cinquante-trois années d'existence, le capital social sera complétement amorti, mais les moyens d'action de la société hippique seraient toujours les mêmes, les actionnaires seuls auraient changé.

Les dépenses annuelles seraient alors réduites à :

Compagnie d'assurance. . . . . . . Fr. 1,500
Frais de voyage — bureau — etc. . » 1,000

Total, Fr. 2,500

À cette somme il faudrait ajouter le total des primes à accorder aux éleveurs qui se libéreraient en livrant une belle pouliche de trois ans.

Il est bien entendu que les primes instituées depuis un certain nombre d'années et distribuées aux propriétaires d'étalons, de poulinières et de poulains de choix, continueront à être allouées, comme auparavant.

CHAPITRE IX.

Des remontes chez les diverses nations européennes.

Remontes en temps de paix. — Angleterre : prix des chevaux de remonte. — Le cheval irlandais. — Opinion émise par la *Revue militaire de l'étranger* sur les qualités de ce cheval. — Russie : prix des chevaux de remonte. — Richesse chevaline. — Prusse : dépôts de chevaux de remonte. — Prix de revient annuel comparé à celui de la Belgique (1 : 3). — Hollande : chevaux hanovriens. — France : mesures prises pour favoriser la production du cheval d'armes. — Loi de conscription et de réquisitionnement. — Belgique : remontes de l'artillerie et des compagnies du train par des chevaux indigènes. — Cavalerie, cheval irlandais.

Depuis la guerre franco-prussienne de 1870-71, la production du cheval d'armes est agitée dans les différents pays de l'Europe; en considération de ce fait, permettez-nous, messieurs, avant d'aborder l'étude des remontes belges, de passer en revue les institutions hippiques militaires des principales puissances.

I. — Angleterre. — La *Grande-Bretagne*, cette terre classique de l'élève du cheval, a jeté un cri d'alarme. D'après des documents authentiques, le colonel Jenys déclare que l'Angleterre serait incapable de mettre sa cavalerie et son artillerie sur pied de guerre, voulût-elle même payer les chevaux 2,500 et 3,750 francs.

Le Parlement s'est ému d'une situation aussi critique et la question d'interdire l'exportation des chevaux de guerre, a été sérieusement agitée. — Mais les habitudes d'indépendance des anglais s'opposent à ce que, sous aucun prétexte, on prohibe l'exportation ; la conscription des chevaux ou leur réquisitionnement régulier comme en Allemagne, ne leur sourit guère davantage. Il s'en suit donc, qu'au moment d'une conflagration générale, comme le nombre de chevaux disponibles pour l'armée est limité, la Grande-Bretagne serait très-embarrassée pour remplir les vides de ses effectifs de cavalerie et d'artillerie.

Mais, faut-il, comme on l'a dit, faire remonter cette crise au défaut de protection gouvernementale ? Nous ne le croyons pas. L'élève du cheval est toujours en honneur chez nos voisins d'outre-Manche, la production est toujours considérable, seulement, l'Amérique, la France, la Prusse, la Belgique, etc..., viennent enlever au Royaume-Uni les chevaux qui servent à former le contingent de leurs remontes.

Les prix des chevaux, fixés par le département militaire britannique, sont :

Pour les régiments de la garde de la
Reine (*life guards* et *horse guards*) . . 1,125 francs.
Pour les régiments de cavalerie de
ligne . . . . 1,000 francs.
Pour les régiments d'artillerie . . . 1,125 francs.

Ces chevaux doivent avoir quatre ans faits ; mais il arrive souvent que les colonels chargés de remonter les troupes qu'ils commandent, les achètent à trois ans et demi, parce qu'ils obtiennent, de cette manière, des sujets d'élite, que les prix de remonte ne pourraient solder six mois plus tard.

La réforme annuelle équivaut au *douzième* de l'effectif réglementaire.

Il n'existe ni dépôts de chevaux, ni dépôts de remonte.

L'Irlande fournit le gros contingent des achats militaires de l'Angleterre. A ce propos, la *Revue militaire de l'étranger* constate que la race irlandaise ne se distingue plus des bons produits anglais que par les qualités résultant de l'éducation et de la nourriture.

Les assertions de certains ouvrages, dit la *Revue*, qui attribuent la *croupe avalée* au cheval irlandais, sont de pure fantaisie. On peut se convaincre du contraire, en visitant les régiments du 1er dragons-gardes, du 6e dragons, du 14e hussards, entièrement remontés de chevaux irlandais, présentant une croupe de la plus belle conformation et notamment un rein admirable et des côtes bien formées.

Quant au *moral,* rien n'égale le sang-froid, l'intelligence de ces animaux pour ménager leurs forces et passer les obstacles de la façon la plus sûre et la plus commode, pourvu qu'on les laisse faire. Leur adresse et leur énergie ne sauraient être dépassées.

II. — **Russie**. — La *Russie* remonte ses troupes à cheval par *neuvième* de l'effectif. Les chevaux morts de maladies épizootiques ou d'autres cas extraordinaires, mais seulement quand ces chevaux n'ont pas accompli la durée réglementaire de service, sont remplacés en dehors de la remonte annuelle.

Les prix d'achats fixés par le Gouvernement sont :

Pour les divers régiments de cavalerie de la garde : 940 fr. — 924 fr. — 828 fr. — 812 fr.

La cavalerie de ligne	500 francs.
L'artillerie de la garde.	812 »
Les chevaux de trait des caissons de l'artillerie de la garde.	500 »
L'artillerie de ligne.	500 »
Les chevaux de trait des caissons de l'artillerie de ligne.	340 »

A l'aide de ces sommes les colonels doivent compléter l'effectif des troupes sous leurs ordres, subvenir aux frais de voyage, de nourriture de ces chevaux, jusqu'à leur arrivée aux corps.

Les officiers peuvent choisir tous les sept ans, un cheval de leur régiment. Le prix qu'ils doivent solder est celui de la remonte, plus 160 francs, si le cheval est dressé, et 80 francs s'il ne l'est pas, c'est-à-dire, s'il n'est pas encore au régiment depuis plus de six mois.

La Russie possède plus de vingt millions de chevaux, c'est donc la puissance la plus riche en ressources équestres. La Prusse et l'Autriche font annuellement des achats considérables aux foires et marchés de la Pologne.

Il y aurait peut-être à examiner ici, la question de savoir si la Belgique ne trouverait pas en Pologne, à des prix inférieurs, les chevaux qui lui sont nécessaires pour ses corps de cavalerie. Mais le peu d'éléments que nous possédons ne nous permettent pas de traiter cette proposition d'une manière complète. Disons cependant, que la *société des petites voitures* de Paris, a fait en Autriche, l'acquisition de plusieurs milliers de chevaux, qui ont été expédiés de Tzegedin à Paris en nonante-six heures (1). Quant aux prix de transport, le correspondant du *Journal de Saint-Pétersbourg* dit, qu'ils sont très-élevés pour des envois isolés, mais très-bas pour des expéditions importantes.

III. — Prusse. — En *Prusse*, il existe douze dépôts de remonte, qui fonctionnent avec la plus grande régularité et qui fournissent, d'après les documents officiels, des avantages signalés à l'Etat.

Le prix d'achat moyen de tous les chevaux destinés à l'armée, à trois ans ou trois ans et demi est de 555 francs 50 centimes. Ces poulains sont transportés aux dépôts de remonte, où ils séjournent une année ; là, le prix de revient annuel de chaque cheval, est de 160 francs

---

(1) *Tzegedin* ou *Seged*, ville de Hongrie, sur la Theiss. La distance de Tzegedin à Paris est de deux mille kilomètres.

40 centimes, ce qui porte le prix réel du cheval de quatre ans à 724 francs 90 centimes.

La direction de chaque dépôt est confiée à un inspecteur, ayant des connaissances spéciales sur l'agriculture et sur tout ce qui concerne l'industrie chevaline. Il est secondé par un certain nombre de vétérinaires et par plusieurs comptables.

Les vétérinaires qui sont attachés aux dépôts de remonte sont choisis parmi les chefs de service les plus capables.

S'il était possible, dans notre pays, d'obtenir un prix de revient annuel, par tête de cheval, aussi bas qu'en Prusse (160 francs 40 centimes), nous souscririons très-volontiers à la création de pareilles institutions. Malheureusement l'Etat prenant en main la herse et la charrue, devra toujours payer chèrement les produits de la terre. Nous affirmons que, dans les conditions les plus favorables, le prix de revient annuel, par tête de cheval, atteindra toujours 700 à 800 francs, somme qu'il faut encore augmenter des pertes occasionnées par les gourmes et autres maladies graves.

Les chevaux de remonte sont versés dans les régiments à quatre ans, mais leur incorporation dans les escadrons actifs, ne se fait que dix-huit mois plus tard, c'est-à-dire à cinq ans et demi.

Au moment d'une déclaration de guerre, l'effectif des régiments est complété par des réquisitions régulières.

IV. — Hollande. — La *Hollande* va chercher en

Hanovre, au prix de 1,200 francs, ses chevaux de cavalerie. Lors de la déclaration de la guerre franco-allemande, une commission fut chargée de parcourir le pays et d'acheter les chevaux aptes au service militaire ; mais les résultats furent on ne peut plus négatifs. La commission revint à La Haye sans avoir fait l'acquisition d'un seul cheval.

V. — France. — La *France* fait des efforts inouïs pour favoriser l'élève du cheval d'armes : elle double le nombre de ses étalons, rétablit les jumenteries, organise des dépôts de remonte, institue des cours publics de zootechnie appliquée, dans le but de réparer au plus tôt les vides de sa population chevaline.

Enfin, elle a décrété la conscription et le réquisitionnement.

A la séance publique du 1ᵉʳ août 1874, l'Assemblée nationale française a adopté la loi relative à la conscription des chevaux. Voici les points essentiels de cette loi :

Art 1ᵉʳ. Recensement des chevaux et juments âgés de six ans et au-dessus, tous les ans du 1ᵉʳ au 15 janvier, dans chaque commune, par le soin du maire.

Art. 2. Chaque année, à des jours indiqués à l'avance, des commissions mixtes, désignées dans chaque région par le général commandant le corps d'armée, procèdent autant que possible, dans chaque commune, en présence du maire, à l'inspection et au classement des chevaux recensés.

Art. 5. Un tableau certifié par le président de la commission mixte et par le maire, indiquant le signalement des animaux classés, ainsi que les noms de leurs propriétaires, est adressé au bureau du recrutement du ressort.

Art. 6. Le contingent des chevaux à fournir en cas de mobilisation, dans chaque région, pour assurer le passage du pied de paix au pied de guerre des troupes qui y sont stationnées, est fixé par le Ministre de la guerre, en tenant compte, dans chaque catégorie, des ressources constatées à l'inspection annuelle....

Art. 11. ..... Les prix déterminés à l'avance et fixés d'une manière absolue, pour chaque catégorie, aux chiffres portés au budget de l'armée, sont augmentés du quart pour les chevaux de selle et d'attelage d'artillerie.

Art. 12. Le propriétaire qui, aux termes de l'article 7, n'aura pas conduit ses animaux classés et ceux qui sont susceptibles d'être compris dans le classement, au lieu désigné pour la mobilisation, ainsi que le propriétaire d'animaux requis, dont les réclamations n'ont pas été admises par la commission de remonte le jour de la réquisition et qui n'a pas livré dans les 3 jours, au quartier de gendarmerie du chef-lieu d'arrondissement ou de canton, indiqué par l'autorité militaire, le cheval désigné, est déféré aux tribunaux, et, au cas de condamnation, frappé d'une amende égale à la moitié du prix d'achat fixé pour la catégorie dans laquelle était classé l'animal.

Néanmoins, la saisie et la réquisition pourront être exécutées immédiatement et sans attendre le jugement.

Art. 13. Les propriétaires de chevaux qui ne se conforment pas aux dispositions de la présente loi, sont passibles d'une amende de cinquante francs à mille fr. (50 fr. à 1,000 fr.)

Ceux qui auront fait sciemment de fausses déclarations seront frappés d'une amende de deux cents francs à deux mille francs (200 fr. à 2,000 fr.)

VI. — Belgique. — La *Belgique* se préoccupe vivement aussi d'assurer en toute circonstance la mise sur pied de guerre de ses régiments montés.

L'artillerie de campagne, les batteries à cheval et les compagnies du train, peuvent se remonter en tout temps sur le sol belge. Si l'on objecte que les bons produits de la haute Ardenne et du Condroz sont achetés par les puissances voisines, ou acquis pour les services publics accélérés des sociétés d'omnibus et de tramways des principales villes du pays, le gouvernement peut y obvier en élevant ses prix d'achat.

Quant à la prohibition de la sortie de ces chevaux, elle ne peut être réclamée que dans des circonstances excessivement graves; par exemple, la déclaration de guerre entre puissances voisines de la Belgique.

La cavalerie est loin de se trouver dans des conditions aussi favorables. Les acquisitions qu'elle peut faire sur le territoire national sont insignifiantes. Depuis 1860, le chiffre maximum des chevaux achetés sur le sol belge n'a pas dépassé le *tiers* du contingent de remonte et il est souvent descendu à une fraction très-minime.

D'après le budget du département de la guerre de 1874, l'effectif des chevaux de selle est de 10,090 et le contingent de la remonte équivaut à peu près au *huitième* de la masse, soit 1261 chevaux qui doivent être importés annuellement.

Lors des discussions qui ont eu lieu au conseil supérieur d'agriculture, l'on a proposé, pour favoriser l'élève du cheval d'armes, de demander au Ministère de la guerre de faire les remontes par *cinquième* de l'effectif réglementaire. — « Cette mesure assurerait aux fermiers, d'après l'auteur de la proposition, un plus grand débouché, et aurait cet avantage, qu'en cas de guerre, le cinquième à réformer pourrait en grande partie servir de réserve.» Cette demande venait à l'appui de l'emploi du reproducteur norfolk avec les juments indigènes. Comme de cet accouplement il ne naîtra jamais un cheval de cavalerie, le département militaire en forçant le chiffre d'achat des chevaux de remonte ne favoriserait nullement les éleveurs belges. La conséquence logique de l'adoption de pareille mesure serait une surcharge de dépenses qui n'aurait aucune raison d'être.

Depuis quelques années, les chevaux irlandais ont été introduits dans la cavalerie et les batteries d'artillerie à cheval. Les véritables irlandais (car l'on a présenté aux commissions de remonte, sous cette dénomination, beaucoup de chevaux qui n'étaient rien moins qu'irlandais) sont durs, résistants à la fatigue, rapides à la course et bons sauteurs ; ce sont d'excellents chevaux d'armes.

Le prix fixé par le département de la guerre, comme maximum pour nos chevaux de remonte étant sensiblement le même que dans la Grande-Bretagne, nous nous trouvons forcément dans un état d'infériorité très-manifeste, par suite des frais de transport, des dépenses de voyage, des bénéfices que doit prélever le marchand fournisseur, tous frais qui augmentent considérablement le prix de revient. En fixant le tout au chiffre minimum de deux cents francs par tête, l'on pourra se faire une idée des conditions défavorables dans lesquelles nous nous trouvons relativement à l'Angleterre. Aussi ne doit-on pas s'étonner du peu de qualités que présentent certains de nos chevaux de cavalerie.

B -- Remontes belges en temps de guerre.— Réquisitionnement.

Nous ne pouvons terminer l'examen de la question des remontes sans parler du réquisitionnement en temps de guerre, moyen vexatoire que la Belgique devrait cependant adopter si ses frontières étaient fermées.

Afin de rencontrer les différents points se rattachant à cette question qui intéresse si vivement nos libertés et la défense de la patrie, nous l'examinerons dans ses rapports :

1° Avec la remonte de l'artillerie et du train ;
2° Avec la remonte des troupes à cheval.

1° *Artillerie de campagne.* — *Chevaux de trait des batteries à cheval.* — *Compagnies du train.*

A l'époque actuelle, la mobilisation des armées se faisant avec une rapidité incroyable, nous devons, lors d'une déclaration de guerre, pouvoir compléter nos régiments montés avec des chevaux rompus aux services accélérés et soutenus. Or, le seul moyen, nous semble-t-il, de parvenir à remplir ces conditions, c'est le réquisitionnement. Votre rapporteur l'a déjà du reste traité dans une lettre adressée à Monsieur le Directeur de l'*Echo vétérinaire*, le 25 septembre 1874.

Qu'avons-nous vu, en effet, lors de la mobilisation de l'armée pendant la guerre franco-allemande? A la suite des achats importants faits par les commissions de remonte, les affections gourmeuses sévirent avec une vive intensité sur tous les jeunes chevaux sortant des fermes. La plupart furent incapables de rendre des services sérieux pendant les deux premiers mois de leur incorporation. Les chevaux plus âgés qui marquaient 7, 8, 9, et même 10 ans, bien engrainés, habitués à des services rapides, ne payèrent qu'un très-faible tribut à la vie militaire ; ils rendirent des services immédiats et supportèrent les fatigues et les privations de la campagne comme les anciens chevaux des batteries.

Ces faits, que tous les vétérinaires attachés à l'armée pendant la mobilisation de 1870-71 ont constatés, indiquent au gouvernement la voie à suivre pour compléter en temps de guerre les batteries montées, les batteries à cheval et les compagnies du train. Si pour mettre ces corps sur pied de guerre, l'Etat doit acheter 2,000 à 2,500 chevaux, il les trouvera dans les écuries des services publics accélérés : compagnies d'omnibus, de tramways des principales villes du pays. Tous ces chevaux faits, âgés, engrainés, rompus au travail rapide auront peu à souffrir du changement de vie ; leur nombre étant suffisant, l'on devrait rejeter des réquisitions les animaux employés à l'agriculture qui fournissent les infirmeries de nombreux invalides, dès leur arrivée aux corps. Faisons ici remarquer que la ration de travail des moteurs que nous recommandons étant plus forte que la ration réglementaire du cheval de troupe, le département militaire devra tenir compte de cette différence, et fournir à ces chevaux un supplément de ration.

Si nous demandons le réquisitionnement, en temps de guerre, c'est pour introduire dans nos régiments d'artillerie, des chevaux vigoureux, énergiques, rompus à toutes les fatigues. Quitte à l'Etat d'indemniser très-largement les propriétaires.

Cavalerie. — Les remontes de cette arme seront toujours excessivement difficiles ; deux alternatives peuvent se présenter : ou le Ministère de la guerre ne trouvera pas les chevaux nécessaires à l'armée, ou le métissage aura peuplé une partie de notre petit pays de sujets aptes au service des régiments de cavalerie.

Dans la première alternative, le nombre des chevaux étant insuffisant pour compléter les effectifs de guerre, il faudra bien recourir au réquisitionnement des chevaux de selle et de voiture de luxe. Personne ne voudrait s'opposer à cette mesure extrême, nécessaire à la défense du pays.

Dans le deuxième cas, les officiers de remonte peuvent acheter suffisamment de jeunes chevaux de trois et quatre ans qui ne sont ni habitués aux fatigues, ni engrainés suffisamment. Eh bien, dans cette occurrence, nous restons encore partisan du réquisitionnement. Les idées que nous avons fait valoir, pour rejeter de l'incorporation les jeunes chevaux de trait, sont en tout applicables aux jeunes chevaux de cavalerie.

L'on a bien objecté que les chevaux de selle, de voitures de luxe réquisitionnés, ne seraient pas aptes en trois mois au service de la cavalerie, que non habitués aux selles militaires, la moitié se blesseront dès les premières étapes, que ces chevaux atteignant le prix très-élevé de 5,000 à 7,000 francs la paire, les réquisitionner serait une perte très-sérieuse pour la fortune publique et que l'Etat n'était pas assez riche pour les payer même la moitié de leur valeur.

Ces raisons que l'on a avancées pour attaquer la mesure extrême que nous préconisons peuvent être facilement combattues.

Dans l'état actuel de nos régiments montés il est impossible d'introduire un seul cheval de plus sans surcharger de travail les cavaliers présents sous les drapeaux. Si l'on fournit la cavalerie de sujets jeunes, peu habitués aux fatigues, aux services rapides, le résultat le plus certain sera de compliquer le service , d'alimenter les dépôts, de chevaux malades, de distraire pour leurs soins une partie du personnel actif et d'affaiblir par conséquent les corps auxquels ils appartiennent.

Pour ce qui concerne le point de savoir si les chevaux de voitures de luxe ne sont pas plus aptes au service militaire que les jeunes chevaux croisés , on a trouvé que le cheval de voiture de luxe était incapable de faire un bon cheval d'escadron avant trois mois de dressage.

Ce n'est certes pas l'opinion de beaucoup d'officiers de cavalerie.

Si les chevaux de voiture ne possèdent pas toutes les qualités du cheval type de cavalerie, ils s'en rapprochent cependant beaucoup plus que les jeunes chevaux des éleveurs; ils ont de la vigueur, du fonds, de la résistance, sont entraînés à la fatigue et connaissent tous, la bride, la selle et les aides. De plus, par l'habitude qu'ils ont de porter les harnais, ils ne s'épouvanteront pas du ballottement du sabre comme le font beaucoup de jeunes chevaux.

Examinons maintenant la question pécuniaire : les chevaux de voiture de luxe, dit-on, coûtent la paire de 5000 à 7000 francs, prenons le chiffre de 5000 francs, chaque cheval reviendra donc au gouvernement à 2500 francs. Eh bien, pour ce qui concerne la dépense , elle sera inférieure en réquisitionnant, lorsque la cloche d'alarme retentira, qu'en augmentant même très légèrement les effectifs de paix. Il ne faut pas oublier que les soins et la nourriture coûtent par tête, bon an mal an, de 800 à 1000 francs.

Quant à cette raison que l'Etat n'est pas assez riche pour les payer la moitié de leur prix, elle est fort sujette à caution, et pour notre part, nous ne la considérons pas comme sérieuse. Enfin, si les riches propriétaires étaient même lésés dans leurs intérêts, nous ne pensons pas que dans cette occurrence on puisse incriminer le gouvernement. Les plus à plaindre en temps de guerre ne sont pas les propriétaires de chevaux et de voitures de luxe qui n'ont d'engagé que des intérêts matériels, mais bien les défenseurs de la patrie qui payent de leur sang la liberté de nos foyers.

Conclusions.

1° L'amélioration des races chevalines étant une œuvre éminemment nationale, le gouvernement doit se charger de toutes les dépenses inhérentes à l'importation des reproducteurs étrangers.

2° Les étalons améliorateurs (pur sang anglais et irlandais ou leurs dérivés les plus rapprochés) seront achetés par l'Etat — vendus publiquement dans les zones agricoles où ils doivent fonctionner ou même cédés gratuitement aux éleveurs qui voudraient se livrer au métissage.

Les étalons indigènes approuvés dont l'action est d'améliorer leur race par sélection et de la préparer dans ses suites à recevoir les bienfaits du croisement, recevront des primes d'encouragement sur les fonds que la législature votera pour le perfectionnement de nos races chevalines.

3° Le nombre de juments aptes à l'amélioration de la race et destinées au croisement par leurs propriétaires, doit servir de base pour l'achat et la répartition des étalons. Ces juments participeront aux primes d'encouragement.

4° Allocation de primes d'encouragement en faveur des personnes qui importent ou entretiennent des étalons.

5° Pour les étalons importés directement par les éleveurs, une commission nommée par Monsieur le Ministre de l'Inté-

rieur sera chargée de s'assurer que les reproducteurs réunissent les qualités nécessaires pour que les propriétaires soient admis à jouir du bénéfice des primes.

6° La prime maximum est de 3,000 francs.

7° Pour obtenir la prime d'entretien, le propriétaire doit prouver que l'étalon a sailli au moins 30 juments, dont 15 doivent avoir été fécondées.

8° Les belles juments indigènes, possédant les caractères propres de leur race, saines, exemptes de défauts et vices héréditaires, seront seules admises à la saillie. Ces juments nous fourniront sans conteste les caractères distinctifs de la poulinière qui sont : distinction, taille, poitrine ample, garrot bien sorti, épaules convenablement inclinées, belle ligne du dos et du rein, largeur des hanches, sécheresse des membres.

Le Rapporteur,

J. GÉRARD.

Ce Rapport avec ses conclusions, a été discuté en séance du 29 Décembre 1874, de la Société de Médecine-Vétérinaire de la province de Liége. L'impression en a été votée ainsi que l'envoi aux membres du Sénat, de la Chambre des Représentants et à toutes les Sociétés agricoles du pays.

POUR LA SOCIÉTÉ :

Le Secrétaire,
G. REMY.

Le Président,
J. HUGUES.

TABLE DES MATIÈRES